La liturgia:
casa de los sentidos

La liturgia: casa de los sentidos

Por

El Rev. Cn. Juan M.c. Oliver, Phd
Guardián del Libro de Oración Común.

Copyright © 2021 by Juan M.C. Oliver

Todos los derechos reservados. Ninguna sección de este libro puede ser reproducida, almacenada en un sistema de recuperación, o transmitida en cualquier forma o por cualquier medio, electrónico o mecánico, incluyendo fotocopias, grabaciones o de otro tipo, sin el permiso por escrito del editor.

Las escrituras fueron traducidas por el autor.

Church Publishing
19 East 34th Street
New York, NY 10016

Diseño de portada: Jennifer Kopec, 2Pug Design
Composición tipográfica: Denise Hoff

Un registro de este libro está disponible en la Biblioteca del Congreso.

ISBN-13: 978-1-64065-464-8 (encuadernación blanda)
ISBN-13: 978-1-64065-465-5 (libro electrónico)

Índice

Prefacio	ix
I Signos de la gracia: Cómo funciona la liturgia	1
II La bisagra del año: Las liturgias de la Semana Santa	19
III Tu propia muerte y resurrección: El bautismo y la confirmación	51
IV La santa eucaristía: Hablar y comer con Dios	77
V Como organizarnos: Las órdenes sagradas	115
VI Matrimonio: Signo del amor de Dios	131
VII Una nueva etapa: La unción de enfermos	141
VIII El levantamiento de Jesús: La Iglesia, su misión, y las culturas	147
Posdata sobre el diseño de la liturgia	163
Glosario	169

*La sabiduría ha labrado sus siete pilares y erigió su casa;
puso su mesa, mezcló su vino y mató sus animales.
Envió sus criadas [con invitaciones] y desde
las alturas de la ciudad
clama al que carece de sentido y a los faltos de
entendimiento:
"¡Vengan! ¡Coman de mi pan y beban el vino
que he mezclado!
Dejen de ser tontos y vivan; caminen por la senda
del entendimiento".*

(Prov. 9:1-12).

Prefacio

Una de las experiencias más gratas de mi ministerio pastoral ha sido conversar con los recién bautizados o sus padres y padrinos y madrinas sobre el significado de su experiencia del Bautismo y la Eucaristía. A estas reuniones invitamos a cualquier persona que desee venir a escuchar la conversación. En el proceso, siempre me sorprende la forma en que los y las que se acaban de unir a la familia de Dios repiten, sin darse cuenta, nuestra antigua sabiduría sobre los sentidos o significados de los sacramentos. Esta antigua sabiduría reside en la "casa" que es, claro, la Biblia, pero también en nuestra *liturgia*. Es precisamente para invitarte a esta conversación que he escrito este pequeño libro.

La teología, o "la fe en busca del entendimiento", supone una experiencia de fe. En el caso de la teología litúrgica, es una reflexión sobre nuestra fe en y a través de nuestra experiencia de Dios en la liturgia. Por tanto, las personas cristianas pueden y deben participar en una reflexión más o menos extensa sobre el sentido de sus experiencias de la misma. Me sorprende, sin embargo, la ausencia casi total de esta reflexión en muchas parroquias. Con demasiada frecuencia dejamos que el o la sacerdote y sus sermones lo hagan por nosotros; pero un sermón no es una conversación extensa y a fondo.

Bienvenido a *La liturgia: casa de los sentidos*. Aunque se puede leer individualmente, este librito está estructurado para compartirse en foros parroquiales, idealmente durante las siete semanas de la Pascua. Cada capítulo corresponde a una semana, comenzando con el Domingo de Ramos y concluyendo la semana después de Pentecostés. Cada uno comienza con las experiencias de los participantes, trayendo luego a colación diversos aspectos de nuestra liturgia, su historia y teología, acumulados a lo largo de los siglos. Te invito, pues, a dialogar sobre tu experiencia propia de la liturgia y el rico depósito de la tradición cristiana. En la práctica, esto significa que el individuo o grupo deben leer el primer capítulo antes del Domingo de Ramos, el segundo durante la Semana Santa, el tercero durante la primera semana de Pascua, etc. Los capítulos reflexionan sobre la liturgia semana por semana hasta el día de Pentecostés.

Es difícil seleccionar qué escoger de la vasta biblioteca que hemos heredado sobre los sentidos de la liturgia cristiana. Me he concentrado por tanto en los escritos de la temprana Iglesia hasta aproximadamente el año 650 por dos razones principales: primero, la Iglesia, aunque llena de variaciones locales en la práctica, fue una sola Iglesia, *indivisa*, hasta el año 1057 cuando se dividió entre oriente y occidente, siguiendo la línea que va desde Egipto a través del Adriático y hasta los países eslavos, aunque un paulatino alejamiento entre oriente y occidente ya había estado aconteciendo desde el siglo V.

El mundo cultural unificado del imperio Romano se fragmentó rápidamente después de su caída en el 410 DC. Ya para el 650 DC, la comunicación entre Oriente y Occidente se había vuelto tenue. La población de Roma, que en el siglo II constaba de un millón y medio de habitantes, para el siglo VI, había disminuido a 12,000 personas y permaneció muy pequeña por siglos, con sólo un lento aumento durante el renacimiento, hasta que creció rápidamente después de la revolución industrial del siglo XVIII. Durante la Edad Media las vacas pastaban en el foro Romano.

Tras este desmoronamiento del imperio, la vida intelectual cristiana en occidente se trasladó a los monasterios y no comenzó a recuperarse hasta los esfuerzos de Carlomagno para mejorar la educación en el siglo VIII y más tarde, después de la separación de Oriente y Occidente. Por tanto, la mayoría de mis referencias serán a la Iglesia indivisa de los primeros siete siglos. Espero que nuestras antiguas interpretaciones de la liturgia puedan compartirse más ampliamente, libradas lo más posible de la terminología académica profesional, a menudo inaccesible para la persona promedio.

Quedo sumamente agradecido a la gran nube de testigos que reflexionaron sobre su experiencia de la liturgia durante estos primeros siete siglos y escribieron sus ideas. También a cada maestra, mentor y compañero de conversación que me ha ayudado a reflexionar y explorar mi propia experiencia a la luz de la suya, especialmente los profesores de liturgia en la Graduate Theological Union en Berkeley, CA., los miembros del Consejo de Parroquias Asociadas para la Liturgia y la Misión, y el liderazgo de la Asociación Norteamericana para el Catecumenado, así como colegas en la Consulta Litúrgica Anglicana Internacional y la Academia de Liturgia de América del Norte. Mi más sincero agradecimiento a los profesores Louis Weil, Ruth Myers, Andrew McGowan, Nathan Jennings, James Turrell y James Farwell, quienes leyeron partes del manuscrito y ofrecieron valiosas sugerencias. Cualquier error que permanezca se debe a mi torpeza.

Gracias también a Anthony Guillen, y Samuel Borbón de la Oficina de Ministerios Latinos de la Iglesia Episcopal; a mi editora Nancy Bryan, y al equipo de Church Publishing, Inc., quienes paciente y firmemente promovieron el proyecto desde el principio, mejoraron el texto con sus sugerencias y difundieron esta mi traducción del original en inglés, *A House of Meanings*. Finalmente, gracias sobre todo a mi esposo, Johnny Lorenzo, sin cuya paciencia y constante apoyo este libro nunca hubiera visto la luz del día.

Los miembros de la Iglesia Episcopal de San Beda en Santa Fe, Nuevo México, USA, soportaron mis discursos, reflexiones y preguntas según desarrollamos estos capítulos en conjunto durante la Pascua de 2018. ¡Bien hecho, gente buena y fiel! Este libro va dedicado a todos ustedes.

Festividad de Todos los Santos 2020.

Capítulo I

Signos de la gracia

Cómo funciona la liturgia

Los sacramentos son signos externos y visibles de gracia interna y espiritual, dados por Cristo como medios seguros y ciertos por los cuales recibimos esa gracia.[1]

D esde hace algún tiempo has estado explorando la vida cristiana. Digo explorar porque el proceso nunca termina: Tan rica es nuestra vida en Cristo. Es posible que hayas luchado con cuestiones difíciles como son el significado de ciertos pasajes de la Biblia, los pecados de la Iglesia, —incluso tus propias fallas, y el amor y compasión infinitos de Dios por nosotros y toda la creación.

---
1 L.O.C, p. 857.

También has entablado una relación cada vez más profunda con Dios, tanto en la intimidad como en la liturgia, y con otros. Te has unido a nuestra labor de amor y compasión por los más necesitados, combatiendo las causas estructurales de la pobreza, el sufrimiento, la enfermedad, y la degradación ambiental en nuestro tiempo. Estos también son aspectos de ser un cristiano maduro.

A lo largo de todo esto, quizás te hayas preguntado sobre el significado de la liturgia. Como cualquier acción humana repetida durante miles de años, la liturgia cristiana ha llegado a contener palabras, frases e ideas que cada día parecen menos claras, incomprensibles y hasta absurdas. No es sorprendente que sean difíciles de entender para algunos, especialmente los no cristianos. Además, nuestra sociedad está olvidando rápidamente la dimensión espiritual de la vida. Algunos intentan llenar esta ausencia con formas exóticas de liturgia, de otro tiempo y otro lugar. Otros y acaban experimentando la liturgia como poco más que una reunión social. Aquí, en cambio, te invito a explorar los significados o sentidos de la liturgia, —profundamente humanos y divinos— desarrollados a través de los primeros siglos de nuestra existencia como Iglesia.

Durante casi toda mi vida la liturgia cristiana me ha cautivado, emocionado, conmovido, aburrido, desconcertado y hasta molestado. Aún así, me parece, al igual que Dios, una fuente inagotable de significados o sentidos. Digo sentidos en plural porque el significado de la liturgia nunca es una sola cosa, sino una multiplicidad de significados o sentidos, unidos en una experiencia rica y compleja que puede transformarnos y sostenernos a medida que crecemos espiritualmente, tanto individualmente como en comunidades de fe.

A veces creemos que el significado de algo se da de manera singular, oficial o universal. Pero como señala el liturgista luterano Michael Aune, los significados o sentidos son siempre "significados para *alguien*". Ese alguien, en este libro, no soy yo, sino tú, el lector o la lectora. A través de estos capítulos irás descubriendo y elaborando el significado de la liturgia *para ti*; a la marcha iré sacando de nuestro almacén histórico, por así decirlo, los significados de la liturgia para *nosotros*, la comunidad cristiana, para que puedas entablar un diálogo con las fuentes de nuestra tradición.

Significado personal y significado compartido. Este libro trata sobre los significados o sentidos de la liturgia. En las lenguas románicas derivadas del latín, *significatio* —traducido como "significado", es lo que algo *significa*, como señala Aune: "para alguien".[2] Por tanto, una cosa es buscar el significado del Bautismo para descubrir lo que la Iglesia Episcopal dice que significa *oficialmente*,

---

2 Michael B. Aune. "Worship in an Age of Subjectivism Revisited", *Worship (1991) p. 225*. La expresión "significado para alguien" se encuentra en Ronald Grimes, *Ritual Criticism,* Columbia, SC: The University of South Carolina Press, 1990, p. 42.

y otra cosa es compartir el significado del bautismo de tu hija con tus amistades a la mesa con un café. El primer significado es oficial y formal, incluso doctrinal. El segundo es *tuyo*. *No debemos suponer que, por lo tanto, el tuyo es menos real.* Puede o no estar de acuerdo con el significado que como comunidad hemos elaborado; si no, podemos alentar y facilitar una conversación comparando ambos.

¡A la luz de esto, la liturgia cristiana puede tener tantos significados como fieles! Sin embargo, vale señalar que los significados doctrinales de la liturgia surgieron a través del tiempo precisamente a través del compartir nuestros significados personales y discutirlos hasta coincidir en algo más o menos compartido.

Los sentidos de la liturgia, por tanto, son mucho más comunes y extensos que lo que un estudiante de teología lee en una biblioteca. Por supuesto, una persona aún puede ir a la iglesia a ver amigos o escuchar música hermosa, o simplemente por aburrimiento y depresión. En esos casos, el significado del evento para ellos es diferente del significado de la liturgia para la Iglesia en general.

Ritualización. La liturgia es una forma de ritualización humana. Los humanos ritualizamos por todas partes y tipo de razones. Desde el partido de fútbol hasta la cena familiar en casa de la abuela los domingos, y graduaciones, cumpleaños, etc. Separamos un momento y un lugar para hacer algo *significativo* para nosotros de una manera más o menos estructurada. Estos eventos, pequeños o grandes, tienen un patrón: tienen normas, "lo que se hace" y "lo que no se hace", e incluso una historia; nos identifican como parte de algo más amplio, ya sea un equipo, una red de amigos, familia, vecindario o comunidad. En fin, la ritualización o liturgia *cristiana* es una acción significativa en un lugar y un tiempo designados, que lleva cosas que se hacen o no se hacen, con una historia y varios niveles de significados.

Compuesta de acciones significativas, la liturgia crea una *experiencia* significativa. No lo logra, en su mayor parte, presentándonos ideas, sino involucrándonos en una acción con cierta estructura o patrón. Un rito es mucho más lo que *hacemos* que lo que *decimos*. A lo largo de este libro, por lo tanto, intentaremos vincular las acciones que llevamos a cabo en la liturgia (incluyendo la lectura de textos) con sus sentidos tanto para nosotros individualmente como para nuestra comunidad peregrina a través del tiempo, paisaje y culturas.

Solía pensarse que los rituales comunican ideas y mitos (es decir, relatos con un significado). Al fin, abundan en ellos. Esta era la visión general hacia finales del siglo XIX. Más tarde, sin embargo, Clifford Geertz descubrió que los rituales no solo transmiten ideas, sino que forman en nosotros una *cosmovisión* y un *ethos*.[3] Una cosmovisión es nuestro sentido (intelectual y afectivo) de como es el

---

[3] Cosmovisión y ethos fueron definidos por Clifford Geertz en su "Ethos and World View and the Analysis of Sacred Symbols" en *The Interpretation of Cultures*. New York: Basic Books, 126 ss.

mundo y nuestro lugar en él. Un ethos es un "sabor" específico de cómo debemos comportarnos en ese mundo. La liturgia, por tanto, presenta a los participantes la visión del mundo que tenemos los cristianos y de cómo vivir nuestras vidas de acuerdo: La forma correcta de vivir. Es por esta ritualización de "la forma correcta" que los participantes podemos saber cuando erramos. A menudo también la liturgia toma nuestro constante fracaso en vivir la vida ideal y lo integra a través de purificaciones, perdón, renovaciones y clausuras.

Lo sagrado. Los ritos religiosos en particular tienden a presentarse como *sagrados y autoritativos*, sancionando o "bendiciendo" diferentes aspectos de nuestra vida en comunidad. Coronan a reyes y ordenan líderes religiosos, unen parejas en matrimonio o tratan adecuadamente con restos humanos.

La sacralidad del ritual religioso se facilita, si francamente no se construye, llevándolo a cabo en un lugar y un tiempo demarcados —aun temporalmente— dentro nuestra vida cotidiana "profana". La liturgia se experimenta como sagrada precisamente porque está separada de "lo profano". Por esto, el estudiante de la ritualidad Jonathan Z. Smith ha señalado que una cosa, persona o evento se hace sagrado a través de un "emplazamiento", al *tomar lugar* en un *contexto sagrado*.[4] El cáliz de la

---

4 Jonathan Z. Smith. *To Take Place: Toward Theory in Ritual.* Chicago, University of Chicago Press, 1987, passim.

eucaristía, por ejemplo, no es sagrado debido a su diseño, o metal costoso, sino a su *uso* en la acción sagrada.

Podemos, por supuesto, tener otras experiencias sagradas en la vida más allá de lo ritual, directamente, por así decirlo. Rudolf Otto se refirió a estas experiencias como "numinosas", —una experiencia de la divinidad, que *puede* aparecer en la liturgia, pero también puede aparecer en la naturaleza, en nuestras relaciones y a través de toda nuestra vida.[5] Es la experiencia humana de lo *trascendente, o santo*: De que la vida es más de lo que aparenta.

En meollo del ritual religioso, entonces, está en lo sagrado como lugar y tiempo separados de lo "profano". Pero el lugar sagrado es en realidad el mismo que el profano, solo demarcado como sagrado por la acción ritual, —ya sea la consagración de una iglesia o el círculo formado por unas jóvenes que celebran la Eucaristía en la playa. Esto es importante, ya que uno de los objetivos de la liturgia es revelar que *toda la realidad es sagrada*, devolviéndonos a ella para experimentar todo como sagrado y vivir en consecuencia.

Signos. Nuestras vidas están llenas de signos. No solo señales o signos de tráfico, sino también acciones significativas mucho más ricas y complejas, como compartir una comida o un abrazo. Los signos o señales son siempre *expresiones de algo más allá de sí mismos*. Siempre tienen

---

[5] Rudolph Otto. *The Idea of the Holy* Oxford, UK: Oxford University Press, 2011.

dos partes: el signo o señal (brazos alrededor de una persona, por ejemplo) y lo que significa (amistad o amor). En nuestra exploración de los sacramentos intentaremos mantener ambos polos en equilibrio: el *signo* o señal y lo que *significa,* o su *sentido.*

Algunos signos tienen un significado inequívoco. Un octágono rojo con la palabra PARE transmite directamente una orden para detener su vehículo, sin ninguna otra interpretación posible. Otros signos poseen un significado más indirecto, con múltiples resonancias y significados. Una fiesta de cumpleaños, por ejemplo, significa mucho más que "eres mayor ahora"; también significa "te apreciamos y amamos, estamos felices de que existas", etc.

Nuestro culto es un sistema de acciones significantes que *deben* representar algo a los participantes. Si no significan, no están funcionando bien como signos. Si, por ejemplo, para abrazarte, primero debo explicarte qué es un abrazo, el abrazo no funciona bien como un signo o una señal. Los signos funcionan mejor cuando fácilmente y sin explicación nos llevan a lo que significan. Por esto, las acciones significantes en la liturgia deben ser claras y comprensibles, tanto para nuestras mentes como para nuestros corazones.

Para que los signos funcionen como signos, debemos entenderlos de forma *analógica.* Una analogía es una comparación basada en una similitud. Si yo dijera, "el bosque cubre el cerro como mi camisa verde me cubre a mí", estaría estableciendo una analogía. Con base en esta comparación, sin embargo, podría decir como poeta: *"el cerro lleva una camisa verde"*. Esto es una metáfora, basada en mi analogía anterior. Claro, el cerro no está haciendo nada por el estilo literalmente, *ya que el bosque no es ropa*, pero el lector entiende la comparación de inmediato, a través de una analogía comprimida, es decir, una metáfora. En este ejemplo, *camisa* se ha convertido en un signo de *bosque*. ¡Sería tonto tomar la metáfora literalmente y querer saber si el bosque está hecho de tela de algodón!

En la era moderna, nuestra creciente incapacidad de pensar de manera analógica y poética nos lleva a pensar solo *literalmente*, lo cual nos impide interpretar los signos como tales. Para la persona que no sabe interpretar signos, por ejemplo, el agua del bautismo es solo agua, sin más dimensiones significativas. No puede experimentarla como las aguas del diluvio, del Mar Rojo y del río Jordán, como sugiere su oración de bendición. Para aquellos con una mentalidad literal, comer y beber pan y vino en memoria de Jesús es solo eso: el pan es solo pan, el vino es solo vino. No *significan* ni *re-presentan* a Cristo, cuyo Cuerpo somos como comunidad. Si se toman literalmente, los signos se refieren sólo a sí mismos: el pan es pan y el vino, vino, nada más, y por tanto no funcionan como signos o iconos. En el mundo de hoy muchos consideran como reales sólo los datos empíricos, dejando de lado la subjetividad de los participantes (significado, sentimiento, memoria, etc.). Para muchos es cada día más difícil ver algo como un signo o icono que *hace presente lo que significa*. Para los antiguos, sin embargo, el signo o el icono hacía presente lo que significa. Con demasiada y triste frecuencia hoy lo que para ellos era un mundo que brillaba con referencias mutuas, para nosotros es opaco e insignificante.

Signos materiales. Nuestras acciones significativas en la liturgia son acciones humanas *encarnadas*, pues la liturgia no consiste solo en compartir ideas, sino en hacer algo físico en un lugar específico, tal vez decorarlo, moverse, usar objetos, gesticular, lavar, comer, ungir, guardar silencio, cantar y hablar, todo esto llevado a cabo por nuestros *cuerpos*.

No podemos reunirnos para solo *pensar* en Dios. Si pudiéramos, la Iglesia sería una especie de colección de cerebros preservados, algo de ciencia ficción. Nos guste o no, para celebrar una liturgia es necesario usar acciones significativas físicas, visibles y tangibles. Esta fisicalidad de la liturgia está relacionada a la *encarnación de la Palabra*. Quizás por esto es que los Ortodoxos cantan, el celebrar el triunfo de la Ortodoxia sobre aquellos que destruirían los iconos,

> "... nadie podía circunscribir la Palabra del Padre; pero cuando Él tomó carne de ti, oh Madre de Dios, aceptó ser circunscrito y restauró nuestra imagen caída a su antigua

belleza. Confesamos y proclamamos nuestra salvación en palabras e imágenes".⁶

Es precisamente gracias a la encarnación de Dios en Jesús que podemos y debemos usar signos físicos para vivir nuestras vidas espirituales físicas, audibles, visuales, encarnadas. Por esto la liturgia es un evento en el que unos cuerpos humanos llevan a cabo acciones significativas. En ella, lo "espiritual" *también es físico*, tanto que el Papa León Magno señalaba que "... lo que había sido visible en Cristo [su cuerpo], después de la ascensión, se convirtió en los sacramentos de la Iglesia".⁷

Interpretar el signo en fe. ¿Qué es necesario para poder "leer" las acciones significativas y captar su sentido? Santo Tomás de Aquino, al comentar sobre la definición clásica de los sacramentos que encabeza este capítulo, señaló que, como signos externos, los sacramentos efectúan la gracia interna *dada nuestra disposición apropiada en fe*.

Estamos tan acostumbrados a usar "*fe*" como el asentimiento intelectual a una afirmación no demostrable que hemos perdido el significado completo de la palabra griega, *pistis*: confiar con lealtad, —un significado mucho más completo, con el sentido de "la confianza de mi corazón" o "confiando fielmente". Este significado se capta mejor cuando usamos "fe" seguida de "en" como cuando

---

6 Kontakion del primer domingo de Cuaresma, festividad del triunfo de la Ortodoxia.
7 León Magno, *Sermón sobre la Ascensión*, 74.

decimos, "tengo fe *en* ti, hijo". La fe en este sentido es *la confianza de toda la persona (mente y sentimientos) en el objeto de confianza, Dios.* Quizás hayas notado, por ejemplo, que en el Credo no decimos: "Creemos *que* ..." sino "creemos *en* ..."

Los sacramentos, pues, transmiten la gracia divina a los participantes *según ponemos la confianza de nuestro corazón en Dios.* Para experimentar el sentido de una acción significativa sacramental tenemos que acercarnos en fe, confiando en Dios y su gracia. Si no tenemos fe en Dios, ni nos importa en absoluto quién fue Jesucristo; si creemos que la eucaristía es simplemente otra reunión social, y no confiamos en su capacidad de re-presentar o manifestar a Cristo entre nosotros, el sacramento sigue siendo el sacramento, pero no podemos abrirnos a la gracia que produce en nosotros. La ofrenda de Dios a nosotros está presente siempre, pero Dios no nos puede obligar a aceptar el don gratuito de su gracia. Tenemos que abrir la puerta con una confianza en fe.

Esta fe confiada requiere al menos suspensión de nuestra incredulidad. Confiamos en lo que representan los signos, manteniendo en tensión *tanto* el conocimiento de que estamos participando en acciones significativas, (rg., comiendo pan y vino) como al mismo tiempo experimentando las realidades que éstas significan (uniéndonos a Cristo).

La liturgia, en fin, se compone de acciones significativas, que son a la misma vez signo y lo que re-presentan. Una niña de seis años, Stephanie, me explicó recientemente esto en la forma más maravillosa y sabia que jamás he escuchado. Cuando le pregunté: "Dime, ¿qué es ese pan que comemos aquí?" Enseguida recitó, muy orgullosa: "El pan en el altar es el Cuerpo de Cristo". Luego dudó, pensó, y agregó: "Bueno, no es, pero es".

La gracia. Nuestra definición catequética dice que los sacramentos son signos de *gracia* interior. Las concepciones cristianas de la gracia, sin embargo, tienen poca semejanza con la forma en que se usa esta palabra para referirse a belleza, encanto o atractivo. En griego, gracia (*charis*) significa don o regalo y, por lo tanto, en teología, la gracia es el don gratuito (*no merecido, ganado o comprado*) de Dios para nosotros. Es decir, el amor de Dios por su creación toda, no solo por los seres humanos. De esta manera, los sacramentos son una forma principal en que nuestra participación en la vida de Dios se revela, se nombra, se reconoce y se fortalece. La gracia no es una cosa, o una mercancía que se pueda dispensar, sino *la entrega amorosa de Dios de sí mismo*.

Ahora podemos completar un poco más la definición de sacramentos que encabeza este capítulo:

> *Los sacramentos son acciones cristianas significativas visibles, físicas, externas, a través de las cuales Dios se comparte a sí mismo con los participantes, dada su confianza en Dios.*

¿Una señal de qué? ¿Qué representan, en su conjunto, las acciones significativas de la comunidad cristiana en la liturgia? Permíteme sugerir por ahora que nuestra acción litúrgica re-presenta, no solo a Dios, sino también nuestra *nuestra vida con Dios y en su presencia* —lo que los evangelios llaman "el reino o reinado de Dios", es decir, *este mundo* como lo quiere Dios, restaurado y sanado en verdad, justicia, paz y amor.

La liturgia cristiana es un signo del reino de Dios *ya*, aunque ese reino obviamente no ha llegado entre nosotros *todavía*. En ella, el reino venidero de Dios se nos hace presente y actual gracias al sistema de acciones significativas que es la liturgia.

Además, esta representación ritual del reino es *formativa*, pues en ella aprendemos las actitudes (cosmovisión) y los comportamientos (ethos) propios del reino de Dios. En cierto sentido "ensayamos" el reino al promulgar y actuar como se vería y sentiría si llegara aquí, ahora entre nosotros.

Sacramento y liturgia. Finalmente, dado que usamos los términos "sacramento" y "liturgia" con bastante frecuencia, permíteme explicar sus orígenes y significado. En el siglo III, Tertuliano escribió que un soldado cristiano no podía hacer un juramento de lealtad (*sacramentum*) al emperador porque en el bautismo ya había jurado uno a Cristo. Así es como obtuvimos el término "sacramento" en el cristianismo occidental, para referirnos, originalmente, al bautismo. En las Iglesias orientales, sin embargo, el término siempre ha sido *mysterion* o misterio. Pero esto no significa algo desconocido, como en un asesinato donde no se conoce al culpable. Más bien, un *mysterion* en este contexto es un rito sobre el cual uno se queda callado, pues puede ser experimentado adecuadamente sólo por aquellos preparados a través de un proceso de instrucción y transformación para poder interpretarlo. Cuando San Jerónimo tradujo la Biblia del hebreo y griego al latín, tradujo *mysterion* como *sacramentum*.

Ya sean sacramentos o misterios, las acciones significativas de la comunidad cristiana tienen lugar en el contexto de la *liturgia*. Originalmente, la palabra no significaba nada ritual o digno de culto. En las antiguas ciudades-estado griegas, los ciudadanos tenían la obligación de contribuir trabajando (*orgein*) por el bienestar de *todas* las personas (*laos*). Podían pavimentar una carretera, construir un puente o equipar a una compañía de soldados para una guerra, o costear la producción de una obra teatral. Esta actividad se denominaba *leiturgia*, es decir *una obra realizada en favor del pueblo y su bienestar*. "Obras públicas", por así decirlo.

Cuando la Biblia hebrea se tradujo al griego, la palabra hebrea *avodah* (servicio a Dios en el Templo) se tradujo como *leitourgia*. Así, "liturgia" llegó a significar *tanto un servicio al pueblo como un servicio a Dios*. Por estas razones, nuestra "liturgia" es no solo un servicio de *adoración cristiana a Dios,* sino también *a la labor cristiana de servir,* especialmente a los pobres, los enfermos, nuestro planeta, etc. La liturgia no nos deja en la iglesia para siempre: nos envía al mundo a servirlo, cooperando con Dios en el nacimiento de un mundo nuevo, el reino de Dios aquí entre nosotros. Así conscientes y agradecidos, reconocemos a Dios según obra en todos los aspectos de la vida, desde el jardín hasta el amor de cónyuges, y cooperamos con Dios en la salvación o sanación del mundo.

Este es, por lo tanto, el alcance de *La Casa de los Sentidos*: reflexionaremos juntos sobre *tu* experiencia —y la *nuestra* como Iglesia— de la liturgia. Compartimos sus aspectos como ritual con todos los otros rituales de la humanidad; y hace lo que hace, —crear en nosotros un una cosmovisión y ethos compartidos, a través de acciones significativas en las que ensayamos el reino de Dios de verdad, justicia, paz y amor. Ya que estas acciones son signos, comunican significados o sentidos. Para recibir la gracia de Dios transmitida por estos signos sacramentales, nos acercamos con fe confiada, suspendiendo voluntariamente nuestra incredulidad, para así entrar en el signo y profundizar en sus significados. Estas acciones significativas nos permiten ver y sentir la voluntad amorosa de Dios de sanar a toda la creación, y experimentar cómo se verá y sentirá el reino de Dios cuando llegue. Equipados con esta visión y familiarizados con el sentido del reino de Dios, salimos al mundo a reconocer a Dios que ya obra en él y uniéndonos a su misión de sanarlo.

Finalmente, todo nuestro sistema de acciones significativas que es la liturgia surge de un evento histórico: la vida, mensaje, servicio, testimonio, arresto, tortura, ejecución y nueva vida de un rabino itinerante galileo del primer siglo, Jesús, el Ungido (Mesías o Cristo). Y es por tanto a la celebración de estos eventos en la Semana Santa, que ahora nos tornamos.

Capítulo II

La bisagra del año

Las liturgias de la Semana Santa

La Semana Santa es la semana más importante del año. Desde su comienzo en adviento hasta su celebración, el año litúrgico nos conduce hacia ella, y después nos trae desde ella hasta que vuelve el adviento. Durante todo el año desempacamos y nos acercamos a diferentes aspectos de la vida, muerte y nueva vida del Salvador. Durante la Semana Santa revivimos y exploramos el sentido de los eventos fundamentales que dieron origen a la comunidad cristiana, la Iglesia. Comenzando con el Domingo de la Pasión: Domingo de Ramos, y pasando por el lunes, martes y miércoles, al jueves, viernes y sábado Santos, y finalmente llegamos al Día de Pascua. En toda la semana santa celebramos la *Pascua* de Cristo: es decir, su *paso* por la muerte a una vida nueva. En lugar de explorar nuestras experiencias de las principales liturgias de la Semana Santa todas a la vez, sugiero que lo hagamos una por una.

La Semana Santa no apareció completamente formada el día después que Jesús resucitó de entre los muertos. Tomó trescientos cincuenta años para desarrollarse más o menos en lo que tenemos hoy. Antes de que se celebrara el viernes santo, el jueves santo y el Domingo de Ramos, los primeros cristianos celebraban la Pascua *todos los domingos*, en una cena compartida, la eucaristía, en la que experimentaban la presencia del Señor entre ellos al "partir el pan".[1]

Sin embargo, probablemente en el siglo II, comenzó a desarrollarse una celebración *anual* de la Pascua, en la fecha de la Pascua judía o en un domingo cercano. Era una celebración *unitaria* de la muerte de Jesús y su resurrección y consistía en una vigilia de toda la noche para recordar y celebrar *ambos* eventos. A finales del siglo III, la muerte y la resurrección ya se habían dividido en dos días: El Domingo de la Pasión: o de Ramos, y el Domingo de Pascua.

---

1 La frase "partir el pan" obviamente se refiere a esa acción esencial de la bendición de la mesa judía, pero por metonimia, también a la cena completa. Los primeros cristianos experimentaban la presencia de Cristo *a lo largo de la cena completa*, y no en un momento específico.

El Domingo de la Pasión: Domingo de Ramos

Tu experiencia. Como este libro está estructurado para comenzar con tu experiencia, te invito a reflexionar sobre las siguientes preguntas, individualmente o en grupo: ¿Qué elementos del Domingo de Ramos, qué recuerdos te vienen a la mente, tanto buenos como problemáticos? ¿Qué expectativas tienes sobre el Domingo de Ramos? ¿Por qué? ¿Cómo te decepciona a veces? ¿Qué te perderías si no participaras? ¿Qué significa para ti? Puedes tomar notas.

Domingo de la Pasión. La palabra *pasión* no se refiere a un sentimiento profundo, sino que proviene del latín, *passio*, o sufrimiento. La "Pasión de Nuestro Señor Jesucristo" es el relato de su sufrimiento y muerte. En el siglo IV este domingo, una semana antes de Pascua, que en Jerusalén incluía una procesión con ramos, en Roma tenía un énfasis totalmente diferente, probablemente anterior a los ramos. En Roma la narración de la pasión fue por setecientos años la *única* lectura del Evangelio en ese día.

Sin embargo, en el siglo VIII, los monjes irlandeses en el norte de Europa —probablemente influenciados por las liturgias orientales— comienzan a mencionar procesiones con ramos; pero la lectura del evangelio siempre siguió siendo la Pasión. Dos siglos después, la Iglesia occidental agregó la procesión con ramos como preludio a la Eucaristía, manteniendo la lectura de la Pasión, y así es hasta el día de hoy en la mayor parte del cristianismo occidental, expresando las raíces occidentales y orientales en el nombre oficial, Domingo de la Pasión: Domingo de Ramos. Ambos aspectos son esenciales en la liturgia de este día.

La procesión con ramos. En el oriente, no fue hasta que los emperadores Constantino y Licinio convirtieron al cristianismo en una religión aceptable y libre de persecución en el año 313 DC que nuestra observancia de la Semana Santa comenzó a crecer, y su crecimiento dependió en gran medida de un obispo muy astuto, Cirilo de Jerusalén, quien rápidamente se convirtió en un excepcional guía de turistas.

Los peregrinos comenzaron a llegar a Jerusalén y seguían viniendo. Una de ellas, monja probablemente de la Galia (centro de Francia) escribió un diario de sus viajes a Tierra Santa y es por eso que sabemos cómo Cirilo elaboraba sus giras litúrgicas. Los vendedores de recordatorios y baratijas, me imagino, lo adoraban, al igual que los taberneros y mesoneros. En todo caso, nuestra monja, Egeria, describió las celebraciones de la Semana Santa en Jerusalén alrededor del año 380 DC en su diario, que sobrevive. Es de ella que tenemos nuestra primera descripción del Domingo de Ramos en Jerusalén:

"En el Día del Señor [domingo] que comienza la Semana Santa", —escribió—, "la gente va a la iglesia principal [el

Martyrium] en la mañana para la Eucaristía. A la una de la tarde, todos van al Monte de los Olivos, y se cantan salmos, himnos y lecturas. A las 5 de la tarde escuchan el relato de cómo los niños, con ramas de olivo y palmas aclamaban a Jesús, diciendo: 'Bendito el que viene en el nombre del Señor'. Y todos vuelven a la ciudad, gritando: 'Bendito el que viene en el nombre del Señor', y todos los niños del vecindario, incluso aquellos que son demasiado jóvenes para caminar, son llevados por sus padres sobre sus hombros, todos ellos con ramos, algunos de palmas y algunos de olivo, y así el obispo es escoltado de la misma manera que el Señor lo fue en antaño. Llegan al Santo Sepulcro [*Anastasis*] para la Oración Vespertina y regresan a casa".

Nota que en Jerusalén la Eucaristía tomaba lugar por la mañana y la procesión con ramos de palma y olivo por la tarde, conduciendo a la Oración Vespertina.

Los significados del Domingo de la Pasión: Domingo de Ramos. Para comprender mejor los significados de este domingo, es útil explorar primero los significados de las palmas y las ejecuciones en la Judea del primer siglo.

Probablemente Jesús no fue la única persona en Jerusalén saludada por multitudes con ramos. Así lo fue también, quizás el gobernador romano, Poncio Pilato, pues era común en el imperio romano que los dignatarios entraran así a una ciudad, ya fuera como parte de una visita de inspección (*parusía*) para recaudar impuestos, o para celebrar un triunfo sobre sus enemigos. En estas entradas triunfales, era una costumbre común vitorear al dignatario con ramos. Por tanto, no es exageración imaginar que Pilato hubiera entrado en Jerusalén desde su cuartel general en Cesárea Marítima de manera triunfal. Con toda probabilidad, Jesús se estaba *burlando* de esta muestra de poder cuando lo imitó, entrando no de pie en un carruaje, muy poderoso y grandioso, sino en un burrito, aclamado por niños.

Nuestros ramos en este domingo no sólo proclaman a Jesús como rey, sino que también expresan *que los poderosos no tienen poder sobre nosotros*. Esta mofa del triunfo imperial por sí sola hubiera sido motivo suficiente para arrestar a Jesús. Pero hay más.

Inmediatamente después de esta entrada "triunfal" en un burro, los evangelios sinópticos informan que Jesús fue directamente al templo y expulsó a los cambistas, los vendedores de animales y sus bestias. La presencia de estos era necesaria y legítima, ya que la moneda romana no podía usarse en el recinto del templo, y por supuesto, los cambistas tomaban un porcentaje de cada transacción. Los vendedores de animales también estaban allí legítimamente, para proporcionar animales para los sacrificios. Pero hay más.

Al comer con indeseables y proclamar el perdón *gratuito* de los pecados (sin la necesidad de sacrificios en el templo) Jesús probablemente incurrió en la ira de los sacerdotes y otros líderes del templo. Si un "triunfo" no hubiera sido suficiente, un asalto al templo y el perdón gratuito sí lo serían. El arresto era inminente.

Así que el Domingo de Ramos no nos llama simplemente de aclamar a Jesús como nuestro rey, sino que nos advierte el *costo* de ser obediente a Dios y su llamado a una vida de decir la verdad, luchar por la justicia, hacer la paz y amar, la cual en el caso de Jesús le llevó a tener problemas con la ley. Al comienzo de la semana más importante del año, se nos advierte sobre *el precio de seguir a Jesús como ciudadano del reino venidero de Dios —un mundo de justicia y paz*. Según escuchamos en la segunda lectura de este día:

> "Tengan aquella mente en ustedes que también estaba en el Ungido [Cristo], Jesús; quien, teniendo forma de Dios, no consideró que su igualdad con Dios era algo a lo cual aferrarse, sino que se vació a sí mismo, tomando forma de esclavo, humanándose; y siendo en forma humana, se redujo a ser obediente hasta la muerte, y muerte en cruz".[2]

---

2 Fil. 2:5-8.

Jesús no murió por accidente. Era, a los ojos de Pilato, un fanático peligroso. Él, o sus seguidores, afirmaban que era descendiente del rey David, con reclamo legítimo al trono de Israel; excepto que tenía sentido del humor, y así entró sentado en un burrito, y no en carro de conquistador. Me lo imagino sonriendo, levantando su brazo pomposamente para saludar a sus seguidores, burlándose de las personas importantes en Palestina. Luego fue al templo, creó un alboroto y pagó caro por ello.

Es importante comenzar la Semana Santa haciendo una conexión entre el estilo de vida, mensaje y ministerio de Jesús, y su arresto y ejecución.[3] No andemos por las ramas: Jesús hizo cosas peligrosas: Trataba a inmigrantes como ciudadanos, comía con pecadores y declaraba el perdón gratuito de los pecados sin necesidad de arrepentimiento o sacrificios en el templo. Si hubiéramos sido sacerdotes del mismo, estaríamos preocupados por nuestro sustento y, además cualquier insulto a Roma también era un insulto al sacerdocio del templo, compinches de los invasores. Tenía que ser detenido. Además, al llegar la Pascua judía con sus multitudes de peregrinos, la presencia de este líder popular en Jerusalén podría suscitar un levantamiento contra Roma. Mejor, pensaría Pilato, es deshacernos de él.

Sin embargo, es aún más peligroso para los cristianos de hoy día adorar a un Jesús imperial, proyectando

---

3 Ver: James Farwell, "Salvation, the Life of Jesus and the Eucharistic Prayer: And Anglican Reflection and Proposal", en *Liturgy*, 31.3 (April 2016) pp. 19-27.

nuestra propia grandiosidad sobre él, lleno de poder y majestad y seguido por multitudes que lo aclaman, sin una pizca de ironía. Tal visión de la entrada "triunfal" es una ilusión, esperando compartir su "triunfo" sin su cruz, queriendo ser sus discípulos sin imitarlo.

Por "su cruz", quiero decir su sufrimiento por causa de la *justicia*. La vergüenza y el dolor de la cruz fueron el precio que Jesús pagó por romper reglas, ponerse del lado de los más pobres e indigentes, enfrentarse a los poderosos y, sobre todo, criticar sin cuartel a los hipócritas religiosos ("charlatanes" en griego) de su día. A su sufrimiento, y a la luz de él, traemos todo nuestro sufrimiento, desde un dolor de muelas hasta la muerte de un hijo, y encontramos sentido y sanación.

Así que sí, aclamamos a Jesús al comienzo del Domingo de Ramos, pero lo hacemos temblando, aun mientras cantamos *hosannas*. Entendemos el mensaje: el costo de la obediencia de Jesús a Dios es también el posible costo de *nuestra* obediencia.

El Triduo o Tres Días Mayores

Triduum (tres días, pronunciado TRI-du-um) es la palabra latina que generalmente usamos para referirnos a Jueves Santo, Viernes Santo y Vigilia Pascual en su conjunto, pues constituyen *una sola liturgia* a lo largo de tres días. También les podemos llamar "los tres días mayores" del año cristiano. Sus liturgias son las más importantes de todo el año, y entre ellas, reina la Gran Vigilia de Pascua. Si sólo puedes asistir a un servicio, participa en la Vigilia.

Recordemos cómo, comenzando en Jerusalén en el siglo cuarto, lo que conocemos como Semana Santa comenzó a desarrollarse como una recreación litúrgica de los relatos de los evangelios en los lugares donde sucedieron. Esta tendencia continuó con el desarrollo de estos tres días.

Jueves Santo, *o Jueves de la Cena del Señor*

Tu experiencia. Nuevamente, comencemos con tu sentido del significado de este día. ¿Qué te agrada? ¿Qué recuerdos trae, tanto buenos como problemáticos? ¿Qué te perderías si no participaras? ¿Qué significa *para ti* el Jueves Santo?

El comienzo de los problemas. El día judío, (y litúrgico) comienza no al amanecer sino al atardecer. La liturgia del Jueves Santo generalmente es celebrada después del atardecer, y por tanto *ya es el Viernes Santo*. En la Jerusalén del obispo Cirilo, se celebraba una liturgia continua durante toda la noche, yendo en procesión a los lugares de la última cena, la traición, arresto, tortura y "juicio" de Jesús. Era larga, y por esto me gusta pensar que eventualmente dividimos estos aspectos para dormir un poco. En fin, la liturgia del Jueves Santo es el comienzo de nuestra celebración del Viernes Santo: en cierto sentido su *víspera*.

Los tres primeros evangelios describen como en esta noche Jesús tomó pan y vino, (tal como bendicen la mesa los judíos hasta el día de hoy), dijo la bendición y declaró que el pan y vino son su cuerpo entregado y su sangre derramada como el nuevo convenio de Dios, así transformando la bendición judía de la mesa en un memorial de su muerte liberadora y sanadora.

El evangelio según Juan, sin embargo, no incluye este relato, sino que lo sustituye con uno en el que Jesús les lava los pies a sus discípulos y les da un nuevo mandamiento: "ámense los unos a los otros como yo los he amado". El lavatorio de los pies de los discípulos es la ilustración del mandamiento, enseñándonos que nuestras vidas deben ser vidas de servicio amoroso. Por tanto, nos lavamos los pies los unos a los otros como ordenó el Señor, en una expresión ritual (¡y formativa!) del mandato.

Esta noche, aunque recordamos la institución de la eucaristía, lo hacemos en el contexto del arresto, juicio, tortura y ejecución de Jesús. No estamos celebrando tanto la Presencia Real de Cristo en la Eucaristía (una celebración especial en el catolicismo romano en la fiesta del *Corpus Christi*) ni la institución del sacerdocio (que no se desarrolló como presidencia litúrgica hasta el siglo III). Estamos contemplando la conexión entre nuestra eucaristía *hoy, aquí, todos los domingos,* y su muerte *entonces, allí, aquel viernes.* En el Libro de Oración Común, otras observancias como la vigilia ante el sacramento reservado, y el despojo y lavado del altar son secundarias y por lo tanto, *opcionales*.

La reserva opcional del pan y vino eucarísticos. El pan y vino consagrados de la eucaristía del Jueves Santo *pueden* reservarse durante la noche s*i se van a compartir en la liturgia del día siguiente*. Originalmente y hasta el siglo VIII, la Iglesia no comulgaba el Viernes Santo. Esto tiene sentido, ya que el Viernes Santo es un día de *ayuno* y la eucaristía es *siempre* una cena festiva. Algunas congregaciones de hoy están volviendo a esta práctica anterior de abstenerse de la comunión el Viernes Santo. Otras continúan compartiendo la comunión del pan y vino eucarístico reservado. Ambas observancias son legítimas. Muchas parroquias también observan la costumbre de observar una vigilia en silencio ante el altar o "monumento" en que se reserva el pan y vino. *No es apropiado reservar el sacramento y tener una vigilia ante el mismo si no habrá comunión el Viernes Santo.*

Despojo y lavado opcionales del altar. Esta costumbre *opcional*, se desarrolló tan tarde como el siglo nueve en Occidente solamente, y consistía en "desvestir" los altares de la Iglesia y lavarlos —y los pisos— en la *mañana*, antes de la liturgia del Jueves Santo esa noche. Probablemente tuvo origen en la necesidad práctica de limpiar la iglesia antes de comenzar el Triduo, pero la acción se identificó rápidamente con el despojo de las vestiduras de Jesús en el Calvario.

Este sentido de que las acciones de la liturgia se refieren a momentos específicos en la vida de Jesús se puso de moda en el siglo IX. El despojo de los altares no solo es una acción dramática; también coloca ya a la congregación dentro del trauma del Calvario. El rito es *opcional*.

La cena compartida. Algunas congregaciones, quizás intentando recuperar la naturaleza de la eucaristía como cena, comparten una comida sencilla antes o después de la liturgia del Jueves Santo. Cabe señalar que no es apropiado pretender que esta comida es un *Seder* judío o emplear las oraciones y recitaciones del *Seder*, el cual es una liturgia judía *propiedad del pueblo judío*. Si una congregación desea experimentar un *Seder*, quizás una sinagoga local pueda invitarlos al suyo.

Alternativamente, si deseamos enfatizar el carácter de la Eucaristía como cena, podemos celebrar la Eucaristía del Jueves Santo *a la mesa dentro de una cena completa* como hicimos los cristianos durante nuestros primeros 250 años. Esto puede llevarse a cabo sin dejar de observar las rúbricas de la Santa Eucaristía II o del Orden de Eucaristía del Libro de Oración Común.

Dado que la liturgia del Jueves Santo es solo "el primer capítulo" de una liturgia de tres días, termina sin el envío y sin bendición generalmente en silencio; en vez, se puede anunciar la hora y lugar en que continuará la liturgia al día siguiente.

Los significados del Jueves Santo. El Jueves Santo nos invita a entrar en el significado de cada Eucaristía y su relación con la vida de servicio amoroso de Jesús y su consecuencia inevitable: Su sufrimiento, muerte y nueva vida. Cualquiera que fuese la forma que tomó la última cena de Jesús, la misma ocurrió no solo en el contexto de la Pascua judía, sino durante una semana cargada de peligro y temor para Jesús y sus discípulos.

Una mera generación después de la muerte de Jesús Pablo le escribía a la Iglesia que se reunía en Corinto:

> "...porque del Señor recibí lo que también les entregué: que el Señor Jesús, en la noche en que fue traicionado, tomó una hogaza de pan, y dando gracias, la partió y dijo: 'Esto es mi cuerpo que está siendo partido por ustedes. Hagan esto en memoria mía'. Asimismo, después de la cena, la copa también, diciendo: ' Esta copa es el nuevo Convenio en mi sangre; hagan esto, cada vez que la beban, en memoria mía. Cuando coman el pan y beban la copa proclaman la muerte del Señor hasta que Él vuelva'".[4]

Este sentido inicial de lo que es la eucaristía es *anterior* a los evangelios pues data del 51 DC. Vincula la bendición

---
4 1 Co 11:23-26.

judía recitada por Jesú s en su última cena con su muerte. En la misma carta a la Iglesia reunida en Corinto (probablemente menos de treinta y cinco o cuarenta personas que se reunían en una casa privada), Pablo les explica que al comer y beber la "Cena del Señor" Dios está revelando que *ellos son* el Cuerpo de Cristo resucitado, y por tanto no pueden abusar unos de otros, como hacían los ricos con los pobres al comer por separado su propia comida. Al revelar la eucaristía que somos Cuerpo de Cristo ya esta noche tenemos destellos de la Pascua.

Viernes Santo

Tu experiencia. ¿Qué significa este día para ti? ¿Qué recuerdos te vienen a la mente? ¿Qué es lo que más te gusta de este día? ¿Qué te disgusta? ¿Qué es desconcertante, extraño, molesto o necesita explorarse? ¿Qué significan los servicios *para ti*?

No tenemos evidencia alguna de una liturgia del Viernes Santo hasta que Egeria la menciona en Jerusalén a finales del siglo IV. Poco después del proyecto de construcción decretado por Constantino en el 324, la leyenda se desarrolló que su madre, Helena, había encontrado la cruz de Jesús. Esta fue una motivación extremadamente importante para peregrinos y arquitectos por igual. Constantino mandó a construir la basílica de los Santos Apóstoles (*Martyrium*) sobre el Calvario, cuya cima aparecía en la plaza detrás, conduciendo a su vez al Mausoleo de la Resurrección (*Anástasis*) construido sobre la tumba de Jesús.

Egeria describe un Viernes Santo que toma lugar en etapas. He traducido y comprimido su texto:

Oración matutina. "Comenzando antes del amanecer, la gente ha bajado con el obispo desde el Monte de los Olivos, donde pasaron la noche, y ahora en el *Martyrium*, acaban de escuchar el relato de Cristo ante Pilato. El obispo anima a todos y los consuela por su arduo trabajo y les dice que regresen a las diez para venerar la cruz. Pero ahora, aun antes de que amanezca, van a la Iglesia de Sion [el ' aposento alto'] para rezar ante la columna donde Jesús fue azotado, y regresan a sus casas por un tiempo, pero pronto todos están listos una vez más".

La veneración de la cruz. "[A las diez] se coloca una silla para el obispo en el *Martyrium*, y él se sienta ante una mesa cubierta de lino. Se le trae una caja de plata dorada en la que está el madero de la cruz. Se abre la caja y se colocan sobre la mesa tanto el madero [la viga transversal] como el título [la acusación de Jesús]. El obispo sostiene firmemente las extremidades del madero, mientras los diáconos lo protegen, y los fieles y candidatos al bautismo pasan a besar el madero. Y debido a que dicen que alguien lo mordió y se robó un pedazo, se vela con cautela no sea que alguien se aventure a hacerlo nuevamente.... Todas las personas van pasando hasta el mediodía".

Las tres horas. "Al mediodía se reúnen a la punta de la colina del Calvario, justo detrás del *Martyrium,* rodeada de un patio de gran tamaño y belleza. Aquí todas las personas se reúnen en números tan grandes que no hay paso. Las lecturas e himnos muestran que lo que los profetas predijeron de la Pasión del Señor se había cumplido. Se intercalan oraciones también adecuadas para el día. La emoción mostrada y el duelo de todas las personas en cada lección y oración es maravillosa; Aquí no hay nadie, grande o pequeño, quien, durante esas tres horas, no se lamenta más de lo que se puede concebir, de que el Señor haya sufrido esas cosas por nosotros. A las tres de la tarde, se lee el pasaje del Evangelio según Juan, que describe cómo Jesús entregó su espíritu. Le siguen la oración y el envío".

Oración Vespertina. [alrededor de las 3 PM]. "Cuando se ha hecho el envío, se canta la Oración Vespertina en el *Martyrium*, como es habitual esta semana a esta hora, hasta tarde. Y luego van a la *Anastasis*, donde se lee el evangelio en el que José de Arimatea le pide a Pilato el cuerpo del Señor y lo deposita en una nueva tumba. Se reza una oración, se bendicen los candidatos para el bautismo y se hace el envío. [Yendo todos "a la mano del obispo" a ser bendecidos con su imposición, de manos]. Algunos valientes pasan una segunda noche en vigilia en la *Anastasis*".

Eso era en Jerusalén, alrededor del año 380 DC. En Roma, sin embargo, el Viernes Santo no incluía originalmente la veneración de la cruz, sino que se concentraba en las lecturas sobre la Pasión.

El Libro de Oración Común (1979) ha recuperado esta liturgia. Afortunadamente, también la comprimió para que se pueda celebrar en aproximadamente una hora. Esta es la liturgia oficial y principal del Viernes Santo. Otras devociones, como la costumbre de escuchar sermones durante tres horas y el Vía Crucis, son *opcionales* y no pueden tomar el lugar de esta liturgia.

El Viernes Santo hoy. Es natural pensar que cuando celebramos el Viernes Santo estamos de luto y lamentamos la muerte de Jesús, pero eso no es todo. El servicio es muy sencillo. No hay decoraciones en la iglesia, ni velas, ni lienzos, etc. Comienza con severidad, con los ministros entrando en silencio y arrodillándose o postrándose en oración. Entonces el obispo o el sacerdote ora, solo pidiéndole a Dios que "contemple a esta (tu) familia …", sin pedir nada más.

Luego se escuchan las lecturas (Isaías 52: 13-53: 12 o Génesis 22: 1-18, o Sabiduría 2: 1, 12-24) seguidas del Salmo 22: 1-11 (12-21) o 40: 1-14 o 69: 1-23. Sigue una segunda lectura, de Hebreos 10: 1-25, y directamente escuchamos la Pasión según Juan (18: 1-19: 37, o 19: 1-37), que puede leerse en partes por diferentes personas o cantada de la misma manera. Siempre sigue un sermón, y luego un himno *opcional*.

Las antiquísimas oraciones solemnes del pueblo que siguen nos recuerdan primero que Dios envió a su Hijo "no para condenar al mundo, sino para liberarnos del poder del pecado y la muerte, y ser herederos con él de su reino eterno". Oramos por la Iglesia (todas las denominaciones), nuestra unidad y aquellos a punto de ser bautizados, por nombre; por todos los pueblos y los que tienen autoridad, por todos los que sufren en mente, cuerpo o espíritu, todos los que no han escuchado la Buena Noticia de Dios, y aquellos que han perseguido a otros en el nombre de Cristo; por los muertos y por nosotros mismos, para que podamos ser herederos del reino de Cristo.

Veneración *opcional* **de la cruz.** Una cruz de madera *puede* ser venerada por los ministros y la congregación. La manera en que toma lugar puede variar mucho de una congregación a otra. El BCP proporciona tres himnos para ser cantados o dichos durante o después de la veneración. Es mejor, creo, omitirlos si no se pueden cantar. *Ninguno de ellos es obligatorio, y cualquier otro himno adecuado puede reemplazarlos.*

Comunión *opcional.* Si va a ofrecerse la Santa Comunión, siguen la confesión y la absolución, luego el Padre Nuestro y la administración de la Comunión del sacramento reservado.

El servicio termina con una oración. No hay envío ni bendición, pues la liturgia continúa el sábado por la noche con la gran Vigilia de Pascua. Se puede anunciar brevísimamente la hora y lugar del día siguiente en que continuará la liturgia.

Los significados del Viernes Santo. Es tentador pensar que el Viernes Santo es el entierro de Jesús, dada su sobriedad, pero *no lo es*. Es parte de la celebración holística de la *victoria* de Cristo a través de tres días. Si el jueves nos centramos en la Eucaristía para recordar esa victoria en una cena compartida, el viernes nos concentramos en la cruz como el lugar de la victoria, y en Vigilia Pascual celebramos conscientes de esa victoria y lo que significa para nosotros y toda la creación. El Viernes Santo podrá ser solemne y austero, pero no es un funeral; incluye celebración y sí, alegría. Llevar ornamentos rojos es completamente apropiado. La tradición de algunos anglicanos de llevar solo sotanas negras tiene sus raíces en las observancias de devociones como el vía crucis y las siete palabras, antes de decretarse esta liturgia oficial en el 1979. No me parece apropiado en una liturgia oficial como esta, aunque si para el vía crucis y las siete palabras.

Para los "Seguidores del Camino" (el primer nombre dado a los cristianos), la crucifixión de Jesús tuvo un significado extraordinario, e inmediatamente comenzaron a desarrollar el sentido de lo que Dios había estado llevando a cabo entre ellos en la vida, muerte y levantamiento de Jesús. Es importante conocer esta primera teología sobre la muerte y resurrección de Jesús y lo que significan.

Rescate. Notamos anteriormente que la muerte de Jesús no debe ser desconectada de su vida, la cual proclamaba con hechos y palabras la buena noticia de la cercanía del Reino de Dios, viviendo como si ese reinado ya hubiera llegado en el cual "...los ciegos ven, los cojos andan, los leprosos son limpiados, los sordos oyen, los muertos son resucitados, y a los pobres se les anuncia la Buena Noticia".[5] Sin embargo, la ironía es clara: El rey de este

---

5 Mt 11:5.

nuevo Reino de Dios reina desde una cruz, escupido y ensangrentado, en dolor agonizante.

¿Tuvo que ser así? Preguntamos los modernos. ¿Estamos glorificando la violencia?

No. *Dios no quiere violencia.* Es precisamente por eso que la Palabra vino a rescatar y sanar a un mundo que sufre bajo la violencia. Nuestra celebración del Viernes Santo no es una glorificación de la violencia, haciendo del sufrimiento razón de orgullo. Jesús pudo simplemente haber enseñado, sanado y amado, muriendo de vejez. Pero sus actos y palabras lo enfrentaron y constituyeron una amenaza a quienes infligen violencia, explotación y opresión. Al ponerse del lado de los oprimidos, Jesús se sometió a la violencia que los victimiza. Más recientemente, otros líderes pacifistas como Gandhi, Martin Luther King y Óscar Romero han seguido su ejemplo, dispuestos a sufrir la victimización de los oprimidos.

Esta opresión de los compatriotas de Jesús requería alivio o liberación. ¿Liberación de qué? Del abuso por parte de los romanos y el sacerdocio del Templo, por supuesto. Pero también de los "principados y potestades", los poderes del mal y la muerte que los pueblos antiguos creían controlaban el destino de los humanos y de naciones enteras, y que destruyen a las criaturas de Dios manteniéndonos esclavos del mal, la destrucción y la muerte. Como todos los esclavos, nuestra manumisión de la esclavitud tuvo que *comprarse* a un precio, un "rescate" o " redención".

Este precio de rescate pagado por Cristo *no fue pagado a Dios*. Las teorías posteriores de "expiación" distorsionan esta idea al sugerir que un Dios contador requiere el pago de Cristo por los pecados del mundo. Esto no es lo que dice el Nuevo Testamento. Más bien, celebramos el pago por parte *de Dios* a nuestros esclavizadores, los principados y potestades que corrompen y destruyen las criaturas de Dios, liberándonos para unirnos a Dios en amor y libertad.

Quizás muchos de nosotros no nos veamos como esclavos del mal y la muerte. Pero la existencia de la opresión, el mal, la destrucción y la muerte a manos de las élites poderosas aparecen en las noticias todas las noches y para los más pobres entre nosotros constituyen su pan de cada día. Aunque no estemos conscientes de estos poderes esclavizantes, su realidad todavía nos acompaña cotidianamente. Así pues, el Viernes Santo *celebramos* nuestra liberación a través de una vida y muerte en solidaridad con aquellos cuyas vidas son una llaga perenne.

En resumen, Jesús murió por los pecados del mundo, no para pagarle *a Dios* por tus pecados, sino que Dios mismo, habiéndose encarnado por amor, pagó, en su propio cuerpo y sangre, el precio de nuestra liberación de la esclavitud al pecado. Así, nos libró de la esclavitud a los poderes del mal y la muerte, —y no porque Dios sea un contable malvado que exige el pago sangriento de su propio Hijo.

Sábado Santo

Tu experiencia. El Sábado Santo tiene su propia liturgia, rara vez experimentada por la mayoría de las personas, pero quizá desees reflexionar sobre el significado del día para ti. ¿Qué recuerdos surgen en relación con este día entre el Viernes Santo y el Día de Pascua? ¿Tienes costumbres y observancias particulares? ¿Qué es lo que no te gusta de esto? ¿Qué te gusta? ¿Cuál es su significado *para ti*?

Significado Nos ha llegado un hermoso sermón por Epifanio de Chipre (siglo V) que captura los significados de este día, entre la muerte y la resurrección:

> "¿Qué pasa? Hoy hay un gran silencio sobre la tierra, un gran silencio y quietud, un gran silencio porque el Rey duerme. La tierra está aterrorizada y calla, porque Dios mismo duerme en la carne y levanta a aquellos que estaban durmiendo desde hace siglos. Dios ha muerto en la carne, y el inframundo tiembla.
>
> Va a buscar a nuestro primer padre como una oveja perdida; desea visitar a aquellos que yacen en la oscuridad y a la sombra de la muerte. Va a liberar al prisionero Adán y a su compañera prisionera Eva de sus dolores, el que es Dios e hijo de Adán.

El Señor se dirige hacia ellos con su arma victoriosa, su cruz. [Saluda a Adán] y agarrando su mano lo levanta, diciendo: 'Despierta, tú que duermes, y levántate de entre los muertos, y Cristo te iluminará'.

'Soy tu Dios, quien por tu bien se convirtió en tu hijo, quien por ti y tus descendientes ahora dice y ordena con autoridad a los que están en prisión: ¡Sal! y los que yacen en tinieblas: ¡Ten luz! y a los que duermen: ¡Levántate!

Te ordeno: Despierta, durmiente, no te he hecho prisionero en el inframundo. Levántate de la muerte; Soy la vida de los muertos. Levántate, ser humano, obra de mis manos; levántate, tú que fuiste creado a mi imagen. Levántate, vámonos de aquí; tú en mí y yo en ti, juntos somos una persona indivisa.

Levántate, vámonos de aquí. El enemigo te sacó de la tierra del paraíso; yo te reinstalaré, ya no en el paraíso, sino en el trono celestial. Te negué el árbol de la vida, que era un signo, pero ahora yo mismo estoy unido a ti, yo que soy la vida. Coloqué los querubines para protegerte como si fueras esclavo; ahora hago que los querubines te adoren como a Dios.

El trono de los querubines ha sido preparado, los portadores están listos y esperando, la cámara nupcial está en orden, el banquete listo, las casas y habitaciones eternas están listas; los tesoros de cosas buenas se han abierto; tuyo es el reino de los cielos preparado antes de los siglos".

Vale notar varias cosas: no es suficiente que Cristo salve a sus contemporáneos y a los que vinimos después de él, también rescata y sana a toda la humanidad desde Adán y Eva. No solo sube al cielo, sino que baja al inframundo para liberarlos a ellos también de la esclavitud a S atanás ("el acusador"). No conozco mejor teología de la conexión entre el Viernes Santo y la Pascua, y lo que implican para el banquete que celebramos todos los domingos, la eucaristía.

Esto nos recuerda la naturaleza corporativa de la muerte salvadora y la nueva vida de Cristo. En nuestra cultura individualista, los eventos nos suceden a "mí" más fácilmente que a "nosotros"; pero la liberación de Cristo no es solo individual; también es, quizás principalmente, comunitaria. Nosotros, toda la humanidad y toda la creación, hemos sido liberados de la esclavitud al mal, la muerte y la destrucción. *Si queremos serlo.*

La Gran Vigilia Pascual

Tu experiencia. El Sábado Santo también celebramos esta larga liturgia, rica en significados. ¿Qué esperas con ansias de la Vigilia Pascual en la noche del Sábado Santo? ¿Qué imágenes te trae la palabra "Pascua"? ¿Que recuerdos? ¿Qué te perderías si no participaras? ¿Qué significado tiene para ti?

La última liturgia de nuestro Triduo o Tres Días Mayores es la más antigua, y data definitivamente de finales del siglo II. Desde entonces se ha desarrollado en cuatro partes: fuego y luz, relatos antiguos, bautismo y eucaristía.

Fuego y luz. Dado que la Vigilia Pascual originalmente tomaba toda la noche, comienza con el servicio de la luz que comenzaba la Oración Vespertina. Alternativamente, el mismo servicio puede celebrarse como un servicio al amanecer, pero debe comenzar *antes* del amanecer, en la oscuridad.

Nos reunimos en la oscuridad alrededor de un fuego nuevo y encendemos el Cirio Pascual —una gran vela, símbolo de Cristo, la luz del mundo, resucitado y presente entre nosotros. El diácono canta una antigua Acción de Gracias por la Luz, o *Exultet*, así llamada por su primera palabra en latín. Es una proclamación de la Pascua, declarando a Cristo como el verdadero Cordero Pascual que pasó de la muerte a la vida para liberar y sanar a su pueblo fiel. Así como Moisés guio a los hebreos a través del Mar Rojo, esta noche Cristo nos lleva a través de su muerte a una nueva vida por las aguas del bautismo.

Los relatos antiguos. Las vigilias toman tiempo. Por tanto, escuchamos y respondemos a dos lecturas *al menos*, una de las cuales es siempre el relato del éxodo en que Dios libró a los hebreos de la esclavitud y los llevó a través del Mar Rojo. También se pueden leer otras lecturas del Antiguo Testamento, como la Historia de la Creación, el Sacrificio de Isaac, el Valle de los Huesos Secos, Jonás en la Ballena, etc. Todas tienen algo que decirnos sobre el paso de la muerte a la nueva vida: nuestra jornada espiritual de transformación a través de nuestra unión con la propia muerte y resurrección de Cristo.

Bautizos. Incluso si no hay bautizos programados, renovamos las promesas que nosotros (o nuestros padres y padrinos) hicimos en nuestro bautismo. La lectura de la carta de Pablo a los romanos nos explica cómo, a través del bautismo, compartimos la muerte y resurrección de Cristo:

> "¿No saben que los que fuimos sumergidos en el Ungido (Cristo) Jesús, fuimos sumergidos en su muerte? Así, por una inmersión en la muerte fuimos sepultados con Él para que, tal como el Ungido se levantó de los muertos por la gloria del Padre, nosotros también podamos caminar en novedad de vida. Porque si hemos sido sembrados con

él a través de una imitación de su muerte, al menos también lo seremos en una imitación de su resurrección".[6]

Exploramos el bautismo más a fondo en el próximo capítulo.

Eucaristía. Entonces celebramos la eucaristía, proclamando la resurrección de Cristo como miembros de su Cuerpo resucitado gracias a nuestra propia muerte y resurrección bautismal. Exploramos la eucaristía a fondo en el capítulo cuatro.

Observancias Hay muchas maneras de celebrar la Vigilia Pascual. Uno puede comenzar en la oscuridad, después del atardecer. O se puede expandir el servicio, por toda la noche, comenzando después de la puesta del sol, con la liturgia del fuego y luz y continuando con lecturas, meditaciones, oraciones (¡y pausas para el café!) durante toda la noche; si es así, los fieles deben sentirse libres de ir y venir, o unirse quizás al principio y al final si no pueden estar presentes toda la noche. En este caso, la eucaristía deberá comenzar hacia el amanecer. Alternativamente, el servicio puede comenzar antes del amanecer, en la oscuridad y continuar hasta después de la salida del sol.

Quizás en ningún otro servicio del año es nuestra liturgia tan abundante en significados. Encendemos un nuevo

---
6 Ro 6:3-5.

fuego, luego una gran vela, llevándola en la oscuridad al lugar de las lecturas y compartiendo gradualmente su luz. Cantamos sus alabanzas como señal del Cristo resucitado; escuchamos relatos antiguos y respondemos, quizás incluso si el grupo es pequeño, podemos compartir su significado para nosotros después de cada lectura. Lavamos a los nuevos miembros en agua consagrada que ha sido comparada con el diluvio, el Mar Rojo, y el río Jordán. Ungimos a los bautizados con aceite fragante y los vestimos con ropa nueva. Hacemos eucaristía, la celebración de Pascua por excelencia, en la que Dios manifiesta que, unidos a Cristo en el bautismo, somos su Cuerpo resucitado, su levantamiento.

Los significados de la Semana Santa.

Nuestras liturgias durante esta, la más grande semana del año, pueden seducirnos a viajar en el tiempo y estar "allá y entonces" en lugar de aquí y ahora. Fácilmente podemos imaginar la Jerusalén del siglo primero, y acompañar a Jesús llevando a cabo su obra de liberación. Y de hecho, la actitud del obispo Cirilo sigue muy viva hoy. Queremos "volver al lugar" de los eventos de esta semana. La liturgia, sin embargo, no es un viaje en el tiempo, sino una serie de acciones aquí y ahora, a través de las cuales somos formados para vivir como el Cuerpo de Cristo en el mundo de *hoy*.

El cristianismo, si vive en la expectativa del reino venidero de Dios aquí, no puede ser una religión de "allá y entonces"; tiene que ser de *aquí y ahora*. Si la liturgia nos transporta a un exótico lugar diferente de nuestras vidas contemporáneas, pero no nos devuelve a nuestra realidad cotidiana, es un mero turismo litúrgico o incluso una ilusión. En cambio, la liturgia nos invita a contemplar lo que sucedió allí y entonces y *notar cómo se aplica aquí, hoy*. ¿Cuáles son los principados y potestades que nos mantienen a nosotros y a toda la creación esclavos del mal y la muerte *hoy*? ¿Cómo hacemos, con la gracia de Dios, para confrontarlos y liberar a su pueblo? ¿Somos conscientes de quién sufre en nuestro vecindario, y por qué? ¿Quién es oprimido y explotado y por quién? ¿Cuál será nuestra respuesta como comunidad del reino a todo este mal que nos rodea? Nosotros también, y el mundo entero, podemos ser levantados con Adán y Eva a la luz del reino de Dios que ya está radiante hoy, aunque en ciernes, aquí entre nosotros. Nosotros también podemos morir al viejo yo y ser nueva creación como individuos y como comunidades.

La Semana Santa es una entrada prolongada al meollo mismo del misterio que es "Cristo entre nosotros, esperanza de gloria" (Col. 1:27). De este núcleo brotan, como agua y sangre del costado de Cristo, el bautismo y la eucaristía, y toda nuestra vida como cristianos. Es lo que somos. Es cómo nos *convertimos* en lo que somos, es cómo llegamos a lo que esperamos ser como individuos y comunidades.

Capítulo III

Tu propia muerte y resurrección

El bautismo y la confirmación

Hemos comenzado explorando las liturgias de la Semana Santa, viendo cómo celebran los eventos centrales y los sentidos de nuestras vidas como cristianos, y terminamos señalando hacia el bautismo y la eucaristía. Es a estos que nos dirigimos ahora y en el próximo capítulo.

Comenzamos con tu experiencia. ¿Cómo ha sido tu experiencia del bautismo? ¿Qué fue maravilloso? ¿Significativo? ¿Misterioso? ¿Cómo te convertiste en cristiano? Si no puedes recordar tu bautismo, piensa en el proceso por el cual tomaste la decisión adulta de unirte (o permanecer en) la Iglesia. ¿Quién ha apoyado tu crecimiento como cristiano?

¿Alguna vez te tomaste un descanso y dejaste el cristianismo? Si tomaste un descanso, ¿cómo regresaste? ¿Qué o quién te ayudó? ¿Como te sientes al renovar tu pacto bautismal? ¿Cómo fueron tus experiencias de bautismo y confirmación? ¿Extrañas? ¿Solemnes y especiales o simples y triviales? ¿Qué te dicen sobre la familia y la comunidad? ¿Sobre la transformación personal y la nueva vida?

A menos que recuerdes tu bautismo, es fácil pensar que siempre fuiste cristiano. Pero como dijo Tertuliano en el siglo III, "los cristianos no nacen; se hacen".[1] Esto es cierto, en parte, porque Dios no puede hacernos cristianos contra nuestra voluntad. Recuerda el proceso por el cual te convertiste, consciente, madura y libremente, en cristiano. Una vez más, puedes anotar algunas ideas.

El bautismo en la Iglesia primitiva. Para explorar los significados del bautismo, es buena idea comenzar también con sus formas más antiguas, para evitar la trampa de creer que los primeros bautizos fueron ritos cortos y dulces realizados en privado con familiares y amigos. De hecho, eran una celebración de toda la comunidad, importante, solemne y, por lo tanto, en el mejor sentido de "significativa", llena de sentidos y de importancia.

El bautismo convertía al candidato en miembro de la comunidad cristiana tras un largo período de preparación, seguido de la libre elección de unirse a la misma. Pronto, y para incluir a los niños en la eucaristía, comenzamos a

---
1 Tertuliano, *Apologeticus pro cristianis*, xviii.

bautizar a los bebés también. Sin embargo, el bautismo de bebés es una *excepción* a la norma de una preparación gradual seguida de un compromiso consciente de seguir a Cristo como miembro de su Cuerpo resucitado, la Iglesia.

Por "norma", los eruditos litúrgicos no quieren decir "lo que la mayoría de la gente hace", sino el estándar teológico de celebración de un sacramento *en su plenitud*. A la luz de la norma, todos hacemos adaptaciones y excepciones como el bautismo de bebés, porque es cruel tener hijos en la asamblea y no incluirlos completamente como miembros plenos en la eucaristía. Por eso los bautizamos *y en la Iglesia Episcopal reciben la comunión inmediatamente, en el mismo servicio*, confiando en la fe y el compromiso de sus padres y padrinos de criarlos como cristianos. Por lo tanto, tiene poco sentido bautizar a los bebés de padres que no están comprometidos a hacer tal cosa o no son miembros activos de la congregación.

Los primeros cristianos no bautizaban fácilmente. Para ellos, la Iglesia no era algo así como una tienda de bienes espirituales, sino más bien una familia extensa, un hogar, una comunidad, una ciudad, incluso una nación. Uno no se convierte en miembro de una comunidad de la noche a la mañana sin un proceso de pertenencia. Por lo tanto, los candidatos pasaban tiempo explorando gradualmente la vida cristiana en comunidad antes de comprometerse con Cristo y su Iglesia.

Si el bautismo se llevara a cabo en la Pascua, este proceso de preparación conducía a una preparación final e intensa durante la Cuaresma. Muchas parroquias están volviendo a esta práctica, especialmente a medida que un número cada vez mayor de adultos viene a nosotros como "indagadores" sin ningún conocimiento previo del cristianismo. Tienen derecho a explorar la vida cristiana con nosotros antes de comprometerse.

La Cuaresma se originó como un período de imitación de Cristo frente a las tentaciones del Acusador ("Satanás") en el desierto, y de preparación para aquellos que serían bautizados en la Pascua. Durante la Cuaresma, los candidatos ayunaban, daban limosna y, más importante, exploraban cómo sus vidas y comportamientos iban siendo transformados por las Buena Noticia de la cercanía del reino de Dios. Escuchando semana tras semana la Buena Noticia, los y las candidatas al bautismo examinaban sus vidas y tomaban decisiones para cambiar de manera pequeña o grande. Este proceso de cambio o transformación es lo significa en realidad la palabra griega *metanoia* —usualmente traducida como "conversión" o "arrepentimiento": *metanoia* es un *cambio de corazón,*— mucho más que solo un asentimiento intelectual a declaraciones doctrinales o un sentimiento de remordimiento y compunción.

¿Cómo se aplica esto a ti? Si fuiste bautizado cuando eras un bebé, es probable que hayas tenido que decidir conscientemente en algún momento si deseas ser miembro de la comunidad cristiana y probablemente hayas pasado por un proceso similar al proceso de *metanoia* por el que pasaba un candidato a ser miembro de la Iglesia.

Quizás encuentres algunos paralelos a tu experiencia en la siguiente descripción de este antiguo proceso de preparación para el bautismo:

El camino a una nueva vida. Sabemos que Dios usa casi cualquier cosa, incluso experiencias terribles como el divorcio o el duelo, para llamarnos amorosamente a una concientización más profunda de nuestra participación en la vida divina. El recordar lo que primero te interesó en explorar (o reafirmar) la vida cristiana puede traer consigo algunas sorpresas. Ve cómo se aplica el siguiente proceso a ti, o no.

Primer contacto. La mayoría de las veces no estamos conscientes de nuestra conexión con Dios. De hecho, podemos vivir por décadas sin darnos cuenta. Pero el hecho de que no nos demos cuenta no significa que Dios no esté presente. Ya sea a través del ejemplo de un cristiano en el lugar de trabajo, o tal vez una sensación interior de que hay más en la vida que ir de compras, o a través de un período difícil de pérdida, los primeros cristianos —¿y tú?— escuchaban la Buena Noticia: "El reino amoroso de Dios está por llegar: cambia tu corazón y confía en esta Buena Noticia".[2] Si tú lo hubieras dicho de esta

---

2 "Buena noticia" es el significado de la palabra evangelio y sus derivados: evangelismo, evangelización etc., que deben referirse a la proclamación de la buena noticia de la cercanía del reino de Dios de verdad, justicia, paz y amor. (Ver Marcos 1:15).

manera no es importante. Ellos —¿y tú?— se acercaban a la comunidad cristiana e *indagaban*. Encontraban bienvenida, aceptación y confianza, así como trabajo arduo a favor de los pobres y marginados. Tras un período de familiarización, el indagador antiguo se inscribía como estudiante (catecúmeno) para explorar más a fondo nuestra forma de vida.

Desarrollar destrezas cristianas. Ser cristiano no es algo natural. Cualquier niño de dos años te dirá que estar del lado del desvalido es una locura, y que la galleta más grande es, por supuesto, para él. Además, el cristianismo no es una teoría o solo un conjunto de convicciones filosóficas, sino *una manera de vivir en el mundo*. Esta manera incluye cuatro destrezas básicas: ser capaz de leer e interpretar la Biblia por ti mismo, de manera madura y responsable; ser capaz de participar plena y conscientemente en la liturgia, encontrando en ella tanto tus significados como los nuestros elaborados durante siglos; ser capaz de desarrollar y ser responsable de tu propia vida espiritual y sus hábitos de oración, y finalmente, poder servir voluntariamente a los necesitados, especialmente a los más pobres.

En la iglesia primitiva, una discípula del camino cristiano, llamémosla Sandra, aprendía estas cuatro destrezas desde el principio, creciendo a medida que avanzaba, semana por semana. Comenzaba mucho antes de la Cuaresma, y tomaba varios meses al menos, —a veces un año o incluso más. Poco a poco, a medida que la Palabra de

Dios resonaba en el oído y el corazón de Sandra, comenzaba a probar pequeños o grandes cambios en su manera de vivir, respondiendo al amor de Dios. Eventualmente llegaba el día en que ella comenzaba a decir: "yo antes solía ... pero ahora ..." su corazón se estaba transformando poco a poco. Junto con esto estaba desarrollando la capacidad de confiar en sí misma, en Dios y en los demás, con una creciente sensación de paz interior.

El primer domingo de Cuaresma, la congregación aprobaba y elegía a Sandra como candidata para el bautismo en la Pascua. La Cuaresma era la temporada adecuada para hacer algo natural en la siguiente etapa: nombrar los comportamientos, personas, hábitos y decisiones que la mantenían alejada de Dios y aprender a dejarlos atrás con la ayuda de padrinos, madrinas y maestros. En este proceso, Sandra también habría recibido el credo que profesaría en su bautismo, y el Padre Nuestro.

El bautismo en la iglesia primitiva. Finalmente llegaba el gran día. Después de ayunar el día anterior, Sandra y sus padrinos y madrinas llegaban a la asamblea de la iglesia y eran conducidos al agua: un arroyo o río, tal vez un lago, y más tarde, un edificio aparte de la iglesia, con una gran piscina de agua. Y se quitaba la ropa.

Despojo. El bautismo tomaba lugar desnudos. Los hombres y las mujeres eran bautizados por separado, las mujeres por diaconas, y luego todos eran *confirmados inmediatamente después* por el obispo o sacerdote. Sin embargo, antes de que esto ocurriera, tenían que quitarse la ropa. Esta acción expresaba todo lo que Sandra estaba dejando atrás como resultado de su cambio de corazón y de vida. Como señalaba el obispo Cirilo de Jerusalén:

> "Tan pronto entraron [al bautisterio], se quitaron la túnica; señal de dejar atrás al viejo ser humano y sus acciones. Habiéndose desnudado, estaban desnudos; así también imitaban a Cristo, quien fue crucificado desnudo, y por su desnudez venció los principados y poderes, triunfando sobre ellos en el árbol ... ¡Oh, cosa maravillosa! Estabas desnudo a la vista de todos, y no te avergonzabas; verdaderamente te parecías a Adán, desnudo en el jardín sin avergonzarse".[3]

Profesión de fe. Entonces Sandra profesaba la fe de los apóstoles en Dios, Creador de todas las cosas, en Jesús, encarnado en María, muerto, sepultado y resucitado; en el Espíritu Santo, la Iglesia universal (" católica"), que es la comunión de los santos, el perdón de los pecados,[4] la resurrección del cuerpo y la vida eterna.[5]

---

3 Cirilo de Jerusalén, *Catequesis*, 20.
4 "Perdón de los pecados" no en el sentido de que serán perdonados bajo algunas condiciones, sino que YA están perdonados.
5 Literalmente, "la vida de la Era" del Reino de Dios de verdad, justicia, paz y amor, iniciado con la resurrección de Cristo.

En Jerusalén, los y las candidatas eran entonces ungidos con aceite exorcizado para deshacerse del mal:

> "Entonces, ... fuiste ungido con aceite exorcizado, desde los pelos de tu cabeza hasta tus pies, y fuiste hecho partícipe del buen olivo, Jesucristo. Porque fuiste cortado del olivo silvestre, e injertado en el bueno, para compartir la grosura del verdadero olivo (Cristo)".[6]

Inmersión. Sandra entra al agua y se arrodilla, inclinándose tres veces hasta sumergirse, o, si estaba de pie en aguas llanas, una cantidad copiosa se vertía sobre ella tres veces en el nombre del Padre, el Hijo y el Espíritu Santo. El obispo Cirilo describe:

> "Después de estas cosas, ustedes fueron conducidos al estanque sagrado del divino Bautismo, como Cristo fue llevado de la Cruz al Sepulcro que está ante nuestros ojos [indicación que esto sucedía en la rotonda de la *Anastasis* sobre el Santo Sepulcro]. Y a cada uno de ustedes se le preguntó si creía en el nombre del Padre, y del Hijo, y del Espíritu Santo, ... y descendieron tres veces al agua, y ascendieron

---

6 Cirilo de Jerusalén, *Op. Cit.*

nuevamente; aquí también expresando con un símbolo los tres días de sepultura de Cristo. ... y en el mismo momento murieron y renacieron; y esa agua de salvación fue a la vez su tumba y su madre".[7]

Unción con crisma. Sandra sale del agua y es ungida de pies a cabeza con crisma: aceite de oliva perfumado, consagrado por el obispo. En el Antiguo Testamento, el crisma se usaba para ungir a reyes y profetas como una señal de ser elegido por Dios. Al ungir a Sandra, proclamamos su realeza como miembro de la comunidad cristiana, un "pueblo santo, un real sacerdocio".[8] ¡Imagínate a una esclava romana siendo ungida como realeza en su bautismo!

Unción con el Espíritu. "Estás sellada con el Espíritu Santo en el Bautismo, y marcada como propiedad de Cristo para siempre",[9] dice nuestro obispo o sacerdote hoy día a los recién bautizados mientras graba una cruz en sus frentes relucientes con aceite".

Según Basilio el Grande, en el bautismo tomamos vida en el Espíritu:

"... el agua que recibe al cuerpo como una tumba representa la muerte, mientras que

---

7 *Ibid.*.
8 1 Pe 2:9
9 L.O.C. p 308

> el Espíritu derrama su poder vivificante, renovando nuestras almas de la muerte del pecado a su vida original. Esto es lo que es nacer de nuevo del agua y del Espíritu, el hecho de que la muerte sucede en el agua, mientras nuestra nueva vida se nace en nosotros a través del Espíritu".[10]

Exploramos el Espíritu Santo en más detalle en el último capítulo, pero aquí debo señalar que en las Iglesias anglicanas, una persona bautizada recibe *completamente* el don del Espíritu de Dios en el Bautismo, y es miembro *completo* de la Iglesia *sin necesidad de nada más*.

En la temprana Iglesia la unción, es decir, frotar con aceite, en el bautismo variaba mucho de Oriente a Occidente. Se menciona primero metafóricamente para referirse a ser "ungido" por el "espíritu de alegría", —el Espíritu Santo. Al menos hasta finales del siglo III, fuimos "ungidos" *por el Espíritu* en lugar de aceite. Probablemente no fue hasta finales del siglo III que la costumbre grecorromana de frotar todo el cuerpo con aceite antes y/o después del baño se convirtió en un *signo* de la unción del Espíritu en la inmersión. Más tarde, en el siglo V, el descenso del Espíritu se asoció específicamente con la unción con aceite. Finalmente, a medida que la práctica continuó desarrollándose en Occidente, llegamos a tener

---

[10] Basilio el Grande, *Sobre el Espíritu Santo*, 15. Es importante notar aquí que la palabra "espíritu" en griego significa aliento, o soplo. Al respirar una vez más al salir del agua, Sandra recibe el "aliento" de Dios.

dos unciones: una después del baño y otra al final del servicio del bautismo, solo en la cabeza, y llevada a cabo por el obispo.

Vestidura e iluminación. Una vez secos, los bautizados se vestían con una túnica, generalmente blanca, o con ropa nueva; las costumbres variaban. En el siglo IV se le comenzó a dar una vela encendida a la persona bautizada como un signo de pureza e iluminación, y, de hecho, a veces el bautismo se denominaba *iluminación*.

Imagínate estar en el Baptisterio de la Catedral de Letrán, en Roma, un edificio octagonal, separado y mucho más pequeño junto a la basílica, el cual alberga una piscina octagonal de aproximadamente un metro de profundidad. Es la Vigilia Pascual, y el obispo, llamémosle Teodoro, ha terminado la oración sobre los recién inmersos que tiene ante el. El rito del agua ha terminado.

Mientras ocurrían los bautizos, el resto de la congregación estaba esperando en oración dentro de la basílica. Antes de salir del bautisterio, Teodoro "consigna" a los y las bautizados; es decir, sella sus frentes de la misma manera que un anillo hace una huella en la cera, tallando en la frente aceitosa la señal de la cruz, y impone sobre ellos sus manos como bendición final. Esta imposición de manos o *missa* (envío) a menudo terminaba los servicios litúrgicos —como vimos antes en las descripciones de la monja Egeria.[11] Los nuevos cristianos nacen así no solo

---

11 Ya para el 416 DC el papa Inocencio I describe esto en su *Carta a Decencio de Gubbio* (Patrologia Latina, 20: 550-552).

a la nueva vida de gracia, sino que son *enviados* a unirse a una nueva familia, la comunidad cristiana, la Iglesia. Juntos, entran a la basílica, al aplauso estrepitoso de la asamblea que los espera. Algunos intentan tocarlos para ponerse un poco de su crisma. La eucaristía procede con las oraciones del pueblo y la procesión de las ofrendas.

Esta segunda unción y la imposición de manos luego se apartaron del rito bautismal y se convirtieron en un rito separado, la *" confirmación"*. Su historia es bastante precautoria:

Orígenes de la confirmación. Ya para el siglo V o VI algunos obispos en el sur de Francia que no podían estar presentes en todos los bautizos llevados a cabo por presbíteros consignaban a los y las recién bautizados en algún otro momento. A fines del siglo VIII una solicitud del emperador Carlomagno en Alemania llegó a Roma pidiendo los libros litúrgicos romanos, ya que el emperador quería imponer la liturgia romana en su reino, que hasta entonces usaba la liturgia Gálica. El obispo de Roma era Adriano I. Los libros del obispo de Roma fueron enviados a Carlomagno. Pero en el norte, la evangelización había avanzado mucho más lentamente. A diferencia de las ciudades mediterráneas, que tenían, cada una, su obispo por pequeñas que fueran, las diócesis eran mucho más grandes. Los sacerdotes en el norte podían, por supuesto, llevar a cabo el rito bautismal, pero la consignación con la imposición de manos tomaba lugar mucho después, cuando visitara el obispo. Así, tuvo su origen en occidente la confirmación como un rito separado del bautismo. En las Iglesias orientales, esto nunca ocurrió, y hasta el día de hoy, el sacerdote que bautiza también unge y impone las manos sobre los bautizados (es decir, los "confirma") *dentro del rito del bautismo*, en un solo rito integrado de incorporación al Cuerpo de Cristo. Moraleja de la historia: ¡nunca conviertas una excepción, tomada debido a las circunstancias, en una norma!

En el Libro de Oración Común 1979 de la Iglesia Episcopal, la confirmación aparece entre los oficios pastorales, junto con la recepción y la reafirmación, lo que indica que *no consideramos que la confirmación sea un rito de incorporación o iniciación a Cristo y su Iglesia*, ya que el bautismo constituye membresía *plena y completa* (aunque haya tomado lugar en otra denominación).[12] En nuestra teología, la confirmación es más bien una "afirmación pública y madura de la fe",[13] por lo que cada día es más común ver candidatos más maduros —personas que han tomado el tiempo y el interés de explorar la vida y la fe cristiana y libremente toman la decisión que no pudieron tomar antes de sus bautizos como infantes. En caso de que la confirmación volviera a ser parte del rito bautismal en el cual se originó, aún necesitaríamos una afirmación madura de fe, así como un nuevo rito de transición para adolescentes.

---

12 L.O.C. p. 298.
13 *Ibid.*, p. 412.

Además, al celebrar la confirmación como un rito separado, a menudo corremos el riesgo de atribuirle significados que simplemente no se encuentran en el rito. El rito de confirmación no menciona "convertirse en episcopal". Si, una persona bautizada en otra denominación puede quizás *experimentar* este rito como una incorporación a la Iglesia Episcopal, pero el rito mismo no dice tal cosa, ya que es una simple afirmación *madura* de la fe bautismal. El rito que realmente expresa esta transición a la Iglesia Episcopal es el rito de Recepción, generalmente celebrado con aquellos que fueron bautizados y confirmados en una denominación diferente.

¿Debería la confirmación volver una vez más a su lugar original al final del bautismo, como hacen los Ortodoxos hasta el día de hoy? A pesar de investigaciones exhaustivas, y la restauración del proceso de preparación para el bautismo (catecumenado) la reticencia continúa, a pesar de la intención original de los redactores del LOC 1979, frustrada por la Convención General de ese año ... ¿Por qué? Algunos culpan nuestra fascinación con los obispos, y la asociación de la confirmación con la adolescencia.[14]

Abrir el tesoro. En el siglo IV, Sandra hubiera llevado su túnica bautismal blanca durante toda la semana siguiente. ¡Y durante las siete semanas de la Pascua, ella hubiera asistido a más clases! En estas, el obispo "abría"

---

14 Cf. Paul Turner, "Between Consultation and Faithfulness: Questions that Won't Go Away". *Worship*, 89/4 (July 2015) pp. 351-358.

el significado de lo que Sandra había experimentado en su gran noche bautismal. Cirilo de Jerusalén, por ejemplo, comienza sus instrucción diciendo:

> "... Como bien sabía que ver es mucho más persuasivo que oír, esperé hasta ahora, para que estuvieras abierto a mis palabras por tu experiencia, y pudiera llevarte de la mano al prado más brillante y más fragante del paraíso ante nosotros; porque has recibido los misterios más sagrados, después de haber sido encontrado digno del bautismo divino y vivificante".[15]

En los primeros siglos el proceso de transformación no terminaba con el bautismo— confirmación. Los recién bautizados continuaban reuniéndose durante siete semanas para aprender y reflexionar sobre el significado de los sacramentos que habían recién experimentado por primera vez. Hoy día el arte de enseñar está un poco más desarrollado. Podemos no solo ofrecer conferencias, sino más importante aún, invitar a los recién bautizados (o sus padres y madres, padrinos y madrinas) a unas reuniones a reflexionar juntos sobre su experiencia del bautismo y la eucaristía. Podemos invitar a cualquier otra persona de la congregación que desee observar. También es buena idea pasar un video del rito mientras uno les va preguntando, ¿Qué sentiste en ese momento? ¿Qué significa para ti? Es sorprendente

---

15 Cirilo de Jerusalén, *Catechesis 19*, énfasis del autor.

cómo a menudo personas sin educación formal en teología expresan antiguos significados de los sacramentos. En cierto sentido, esto es precisamente lo que este libro intenta hacer: invitarte a pensar sobre tu experiencia de la liturgia, en una conversación con la tradición de la Iglesia.

Los significados del bautismo. El baño ritual es muy común entre las religiones del mundo. El bautismo cristiano (la palabra bautismo significa inmersión) se originó como un rito judío de purificación y renovación. Aún hoy, los judíos piadosos se sumergen en una *mikva*, o piscina honda, como signo de arrepentimiento, purificación y nuevos comienzos. También es una parte necesaria del proceso de conversión al judaísmo después de la circuncisión si uno es varón, en el judaísmo ortodoxo y conservador.

Sobre el significado del bautismo judío, el rabino Maurice Lamm escribe:

> "La tradición judía prescribe un símbolo profundo: Le indica al candidato de conversión que se coloque en un entorno físico radicalmente diferente, en agua en lugar de aire. Esto deja a la persona flotando, suspendida momentáneamente sin respirar, sustituyendo su hábito natural de avance y paso decidido que caracterizan sus movimientos cotidianos con una falta de rumbo, una ingravidez, un desapego del ambiente anterior. La individualidad, la pasión, el ego, todo está

sumergido en su metamorfosis de este estado larvario a una nueva existencia".[16]

El bautismo de Jesús. Podemos entender los sentidos del bautismo cristiano a través de varios prismas. Uno de ellos, quizás el más antiguo, es la propia experiencia de Jesús. El Evangelio según Marcos lo describe en su primer capítulo:

> "En aquellos días sucedió que Jesús, de Nazaret de Galilea, vino y fue bautizado por Juan en el Jordán. E inmediatamente, al salir del agua, vio que los cielos se abrían y el Espíritu descendía sobre él como una paloma. Y una voz desde los cielos: 'Tú eres mi Hijo, el amado, en ti me he deleitado'".[17]

Una amiga me describió su experiencia de bautismo a los diez años. Recordó cómo se sentía celebrada, amada, considerada. Fue una experiencia similar a oír, de boca de Dios: "Eres mi hija, la amada, en ti me deleito". Todos, sin excepción, podemos escuchar estas palabras de Dios aplicadas a nosotros mismos. Esto no quiere decir que somos hijos e hijas de Dios de la misma manera que Jesús

---

16 Maurice Lamm, "The Mikveh's Significance in Traditional Conversion" en https://myjewishlearning.com/article/why-immerse-in-the-mikveh/ accedido el 7/17/19.
17 Ma 1:9-11.

("... luz de luz, Dios verdadero del Dios verdadero"), pero nosotros, y toda la creación con nosotros, somos hijos e hijas de Dios en quienes Dios se *deleita*. Dios nos dice en lo más íntimo de nosotros: "Eres mi hija, mi hijo, te amo, estoy orgulloso de ti". Al igual que el Bautismo de Jesús, el nuestro revela quiénes somos en realidad: hijas e hijos amados de Dios.

Conversión y perdón. Otro prisma con su sentido del bautismo es la conversión o el cambio de corazón, ya que el bautismo reconoce y proclama el perdón de los pecados. David Bentley Hart, en su reciente traducción literal del Nuevo Testamento, señala que siempre que aparezca el término que traducimos como "perdón", debería traducirse como "el hecho de que hemos sido perdonado ya" y no que "podemos ser" perdonados. Esto por dos razones: primero, los evangelios describen que Jesús declaraba el perdón de pecados libremente y sin ninguna condición, ni siquiera el arrepentimiento del pecador. Segundo, porque en la teología de San Pablo, la muerte de Cristo en la cruz fue el precio *pagado ya* para liberarnos de la esclavitud del pecado, borrando todos los pecados. Entonces, otro sentido del bautismo es la proclamación de que todos y todas ya hemos sido perdonados, y *no* que seremos perdonados bajo ciertas condiciones. La necesidad de arrepentimiento la exploraremos en el próximo capítulo, al hablar de la confesión.

La Pascua de Jesús y la nuestra. Otro prisma con un sentido del bautismo es el propio bautismo de Jesús en sangre: Su muerte y paso a una nueva vida. Por esto, el sentido nuevo del bautismo cristiano no es solo la conversión y un nuevo comenzar como en el judaísmo, sino que somos hijos e hijas amadas de Dios, ya perdonados, *y unidos a Cristo a través de una imitación de su muerte y vida resucitada.* El bautismo es un signo *similar* a la muerte de Cristo. El obispo Cirilo, por ejemplo, escribió:

> "... fija tu mente con mucha atención en las palabras del apóstol [Pablo]. Él no dijo que fuimos sembrados con (Cristo) en su muerte, sino en una *semejanza* de su muerte. Pues en el caso de Cristo su muerte ocurrió en realidad, porque su alma estuvo realmente separada de su cuerpo, y tuvo un verdadero entierro, su cuerpo santo envuelto en lino puro; y todo le sucedió a él en realidad; pero en tu caso solo hubo una semejanza de muerte y sufrimiento, mientras que tu salvación [rescate o sanación] no fue una semejanza sino una *realidad*".[18]

Regeneración o renacimiento. El bautismo es también una forma de renacimiento espiritual. Ya en el evangelio según Juan, encontramos una alusión a él en el relato sobre Nicodemo, quien viene a ver a Jesús de noche. Jesús le

---

18 Cirilo de Jerusalén, *Catequesis* 20.

dice a él, un líder judío: "En verdad, te digo que, a menos que una persona nazca de agua y espíritu, no puede entrar en el reino de Dios" El bautismo es, en este sentido, un nuevo nacimiento, iluminándonos para estar conscientes de una realidad ya en marcha: el reino de Dios.

El don del espíritu. Finalmente, otro prisma a través del cual se manifiesta otro sentido del bautismo es el don del Espíritu Santo. En el bautismo no solo somos unidos Cristo, sino que recibimos a la tercera persona de la Trinidad, el Espíritu Santo. Esto significa que estamos conectados a través de la Palabra y el Espíritu, al Padre u Origen de todo, y por lo tanto injertados en la vida misma de Dios, una comunidad de tres Personas de igual dignidad y divinidad, unidas en amor y gozo.

La presencia del Espíritu Santo trae consigo varios aspectos: *Sabiduría*, —conocimiento verdadero nacido de la experiencia. *Entendimiento*,— discernir lo que Dios está haciendo en nuestras vidas de acuerdo con y a la luz de las Escrituras; el *Conocimiento* o la capacidad de pensar y reflexionar sobre nuestra experiencia de fe en la autorrevelación de Dios; el *Consejo* o la capacidad de reconocer la voluntad de Dios y tomar decisiones congruentes con ella; *Fortaleza*, el coraje de hacer lo correcto incluso a gran riesgo, la *Piedad* o devoción a Dios, y el *Temor de Dios*, es decir, asombro ante Dios, autor de todo lo que es.

El significado de la confirmación. Si ser "enterrado" en una piscina (exactamente como la costumbre judía) es un signo de todas estas cosas, ¿qué significa la imposición de manos en el bautismo o más tarde, en la confirmación?

Como gesto ritual la imposición de manos también tiene una larga historia judía, asociada con la autorización, delegación, don (o reconocimiento) del Espíritu, etc.; esto continúa en el Nuevo Testamento. En el contexto del bautismo, el obispo en un solo gesto bendecía y enviaba a los bautizados a la congregación reunida. La imposición de manos se interpretó más tarde como el sello del Espíritu, ya que acompañaba la consignación con el crisma, pero como hemos visto, es el bautismo mismo que se considera el sello del Espíritu en las más antiguas tradiciones.

La imposición de manos nos delega y envía al mundo como miembros del Cuerpo de Cristo. No es sorprendente que el mismo gesto sea el núcleo de los ritos de ordenación, porque *el bautismo es nuestra ordenación en el orden del laicado*, la fuente y garantía de todo ministerio y autoridad laicos. Exploraremos la ordenación en el capítulo cinco.

¡Qué experiencia tan profunda para Sandra debe haber sido este rito completo de incorporación como miembro! Aquí, en un ritual judío reinterpretado de manera cristiana e imitando la propia muerte y resurrección de Cristo, el proceso por el que los bautizados había pasado durante su preparación se expresa de manera tanto física y emocional, como intelectual y espiritual. De nuevo, Tertuliano escribe:

"La carne se lava, para que el alma pueda ser limpiada; la carne es ungida, para que el alma sea consagrada; la carne está sellada [con la cruz], para que también el alma pueda ser fortificada; la carne se ensombrece con la imposición de manos, para que el alma también pueda ser iluminada por el Espíritu; la carne se alimenta del cuerpo y la sangre de Cristo, para que el alma también se engorde de Dios".[19]

En el bautismo como rito completo, la "conversión" no es solo una cuestión de asentir a las ideas y credos, sino la expresión, profundamente significativa, de la transformación del candidato a lo largo del tiempo. La *metanoia*, se representa dramáticamente en una acción ritual que imita la muerte y resurrección de Cristo y forma a las y los candidatos por el resto de sus vidas. En el mismo acto Dios da a luz a los miembros de la comunidad de cristianos, quienes se ven a sí mismos y sus propios bautismos en los nuevos cristianos que salen del agua.

Ponerte en contacto con tu bautismo. ¿Cómo podemos ponernos en contacto con este sentido tan rico del evento central que nos hace cristianos si no podemos recordarlo? Hay dos formas principales: Es útil celebrar los bautismos de la manera más completa y abundante posible, según la norma, no solo con el uso completo de

---
19 Tertuliano, *Sobre la resurrección de la carne*, VIII.

símbolos en abundancia, sino tras un generoso período de preparación de los candidatos (o sus padres) y sus padrinos. Es beneficioso también programar los bautizos para un domingo mayor, delante de toda la congregación, seguidos por un período de reflexión en comunidad sobre la experiencia.[20] Además, en la Pascua y cada vez que alguien se bautiza, toda la congregación reafirma su Pacto Bautismal.

Para aquellos que han estado fuera de la Iglesia por algún tiempo, y para los que se acercan para la Confirmación o Recepción, estas pueden ser experiencias profundamente significativas. También ellos y ellas merecen el mismo proceso de preparación para el rito y la reflexión después del mismo.

Conclusión. El bautismo y la confirmación revelan que somos hijos e hijas de Dios, en quienes Dios se complace. Juntos, los dos ritos son un signo de cambio de corazón, de muerte y resurrección, de perdón, de nuevo nacimiento y nuevos comienzos, y de ser realeza, enviados con autoridad. Al imitar su muerte, el bautismo y la confirmación juntos nos unen íntimamente a Cristo, como " miembros vivos del Cuerpo de su Hijo y herederos de su reino eterno". Por eso, cuando el sacerdote dice: "El Cuerpo

---

20 Los domingos indicados por el L.O.C como especialmente apropiados para el bautismo son: la Vigilia Pascual/Domingo de Pascua, el Domingo de Pentecostés, La Festividad de Todos los Santos, La Festividad del Bautismo del Señor, y cualquier domingo en que esté presente el obispo u obispa.

de Cristo" en la comunión, no sólo se refiere al pan, sino también a ti.

> ¡Oh cosa extraña e inconcebible! Realmente no morimos, no fuimos realmente enterrados, ni fuimos realmente crucificados y nacidos de nuevo; nuestra imitación fue en signo, y nuestra curación en realidad. Cristo fue crucificado y enterrado, y verdaderamente resucitó; y todas estas cosas Él nos ha otorgado libremente, para que nosotros, compartiendo sus sufrimientos por imitación, podamos obtener la salvación en realidad. ¡Oh, suprema bondad amorosa! Cristo recibió clavos en sus puras manos y pies, y sufrió angustia; mientras a mí sin dolor ni trabajo me otorga gratis la sanación, compartiendo su pasión.[21]

---

21 Cirilo de Jerusalén, *Catequesis 19*, 5. Énfasis del autor.

Capítulo IV

La santa eucaristía

Hablar y comer con Dios

Inmediatamente después de sus bautismos, los nuevos miembros se unían a la comunidad cristiana en la celebración de la "eucaristía" que significa *acción de gracias*. La exploraremos en sus dos partes: la Palabra de Dios y la Santa Comunión, repasando en cada caso lo que hacemos y su historia, y luego los significados que hemos encontrado en ella, acción por acción.

Tu experiencia. ¿cuál ha sido tu experiencia de participar en la eucaristía? ¿Renovadora? ¿Restaurativa? ¿Fácil? ¿Molestosa? ¿Frustrante? ¿Incomprensible? ¿Aburrida? ¿Qué ha sido maravilloso y qué ha sido un desafío? ¿Cómo es para ti el reunirte con otros cristianos todos los domingos, o la mayoría de los domingos? Si tu congregación eucarística desapareciera mágicamente, ¿qué extrañarías?

En la eucaristía nos reunimos con Dios. De hecho, la palabra "Iglesia" viene del griego *ekklesia,* que significa *asamblea.* Originalmente *ekklesia* se refería a una asamblea de funcionarios griegos elegidos y convocados para deliberar, como nuestras legislaturas. La comunidad cristiana se entiende a sí misma como una asamblea elegida y convocada *por Dios.* Tu iglesia es una asamblea de personas, independientemente de dónde se reúnan, ya sea en el edificio de la iglesia o en una eucaristía durante una gira en la playa.

La primera parte de nuestra asamblea eucarística es La Palabra de Dios. En ella la Iglesia reunida en asamblea lleva a cabo cuatro acciones importantes: reunirse, escuchar, compartir y orar. Antes de examinar cada una por sí misma, es útil repasar las eucaristías de los primeros cristianos.

Las primeras eucaristías. Las cenas eucarísticas aparecen ya en el Nuevo Testamento, lo que indica que incluso antes de desarrollar una comprensión teológica compleja de su significado, simplemente *nos reuníamos a comer juntos.* Sin embargo, incluso entonces, la práctica de Jesús de comer con las personas indeseables y problemáticas tenía un significado específico como *signo,* según veremos a continuación.

Imagínate que eres un seguidor del Camino (el primer nombre que nos dimos a nosotros mismos, antes de "cristianos'), en la bulliciosa ciudad de Corinto, alrededor del año 51 DC. Te reúnes, tu y todos los de tu casa, con otros en la casa grande de un miembro acomodado. Quizás haya entre treinta y cincuenta personas presentes. Normalmente traerías alguna comida para compartir, pero hoy toda la comida es provista por el anfitrión. No te sorprende la presencia de personas sin techo y otras ricas, esclavos y personas libres, hombres y mujeres, ciudadanos romanos y extranjeros, todos juntos. La cena es un evento *radicalmente igualitario* en una cultura en la que era extremadamente importante comer con las personas apropiadas y evitar a "esa gente". El menú probablemente consiste principalmente pan y verduras, aunque quizás hoy incluye pescado. Evitábamos comer carne ya que estaba asociada con los sacrificios a los dioses en los templos paganos.

Estas cenas compartidas gradualmente comenzaron a tener lugar ya fuera el sábado después del anochecer o temprano el domingo por la mañana, antes del trabajo; se asociaron con "el Día del Señor", es decir, el día de la resurrección de Cristo, pero también el día de la venida del Espíritu Santo, y de la inauguración del Reino de Dios, aquí en la tierra.

Inicialmente estas reuniones no ocurrían en iglesias, sino en *hogares*, ya sea el hogar de miembros lo suficientemente ricos como para acomodar a un grupo grande, o casas y apartamentos modestos, incluso negocios, donde un grupo más pequeño podría reunirse. A medida que las asambleas crecían en tamaño, las casas eran reformadas y ampliadas para adaptarse a nuestros propósitos.

Para el año 150 DC, en una comunidad siria en Roma, la eucaristía ya había desarrollado la estructura básica que observamos hasta el día de hoy: nos reunimos, escuchamos la Palabra de Dios, compartimos su significado, oramos por la Iglesia y el mundo, bendecimos la mesa, cenamos juntos y somos enviados en misión. Veamos las primeras cuatro acciones: reunir, escuchar, compartir y rezar.

Nos reunimos. Justino Mártir, un laico que le escribió al emperador Antonino Pío alrededor del año 150 DC, describió lo que hacíamos los domingos en su comunidad siria en Roma:

> "... en el día llamado domingo, todos los que viven en ciudades o en el campo se reúnen en un solo lugar, y se leen las memorias de los apóstoles o los escritos de los profetas, mientras el tiempo permita; luego, cuando el lector ha cesado, el presidente nos instruye y exhorta a imitar estas cosas buenas. Entonces todos nos levantamos juntos y rezamos ...".[1]

Nuestra primera acción significativa en la eucaristía, pues, es *reunirnos*. Esto comienza al momento en que sales de casa, pero llega a su punto culminante cuando la Iglesia se une, con un canto de alabanza y terminando con nuestras

---

1 Justino Martir *Apología I*, 67.

oraciones en silencio, "recogidas" en una oración colecta recitada por la persona que preside. Este rito de entrada puede extenderse agregando un himno de entrada y la Coleta de la Pureza, ambas *opcionales;* pero el núcleo de la acción es la aclamación, un himno y una colecta.

En este sentido, al menos, simplemente reunirnos en el nombre de Cristo ya es una señal o signo. El orden primitivo de la Iglesia, la *Didajé* o enseñanza, del primer siglo, pide a Dios en su plegaria eucarística: "... que tu Iglesia se reúna de los extremos de la tierra en tu reino". Ya al comienzo de la asamblea eucarística, se nos recuerda que estamos ya en el Reino de Dios.

¿Cuál es el significado de reunirnos físicamente en un lugar? Esto es lo que significaba para el gran teólogo Ortodoxo Alexander Schmemann:

> "La liturgia de la Eucaristía se entiende mejor como un viaje o procesión. Es el viaje de la Iglesia a la dimensión del Reino. Usamos la palabra 'dimensión' porque parece la mejor manera de indicar el modo de nuestra entrada sacramental a la vida resucitada de Cristo. Tal como cuando las transparencias en color 'cobran vida' al mirarse en tres dimensiones en lugar de dos y la dimensión agregada nos permite ver mucho mejor la realidad de lo que ha sido fotografiado,

de la misma manera... nuestra entrada a la presencia de Cristo es una entrada a una cuarta dimensión que nos permite ver la realidad última de la vida. No es un escape del mundo, más bien es la llegada a un punto de vista desde el cual podemos ver más profundamente la realidad del mundo".[2]

Escuchamos la Palabra de Dios. Una vez que estamos reunidos, escuchamos la Palabra de Dios. Se proclaman dos lecturas bíblicas: una del Antiguo Testamento o Hechos, y una del Nuevo Testamento. La primera y segunda lectura pueden ir seguidas de un salmo o un himno. Finalmente, escuchamos una lectura de los evangelios. Esta lectura puede ser honrada de maneras especiales: el libro puede llevarse en procesión acompañado de signos imperiales de honor romanos como velas e incienso, o simplemente proclamado desde el mismo púlpito o atril que las otras lecturas.

Escuchamos la *Palabra de Dios,* es decir, el mensaje de Dios para nosotros aquí, hoy. Lo oímos a través de textos escritos originalmente en idiomas extranjeros hace miles de años, y dirigidos a personas muy diferentes. Es importante, por tanto, comprender su contexto histórico, cultural, lingüístico e incluso socioeconómico, o podemos

---

[2] Alexander Schmemann. *For the Life of the World: Sacraments and Orthodoxy.* (Crestwood, NY: St. Vladimir's Seminary Press, 2004, p. 3.

distorsionar seriamente los textos, proyectando significados que no tuvieron cuando fueron escritos. Al comprender los textos en su contexto, podemos encontrar significados paralelos en nuestro propio contexto. Y dado que los textos bíblicos se escribieron originalmente en hebreo y griego, este es un buen lugar para decir una palabra sobre el arte de traducir.

Traducir es un arte. Lo llevan a cabo profesionales que, al menos bilingües, siempre traducen *a su lengua materna*, cuyos ritmos y matices llevan, por así decirlo, en la sangre. Una máquina no puede hacerlo bien, ya que la mayoría de las veces *no hay* correspondencias exactas palabra por palabra, de un idioma a otro; en vez, lo que se dice en un idioma encuentra *expresiones similares* o análogas en el otro, no palabra por palabra. Solo por esta razón, es aconsejable que los proclamadores de la Palabra en la adoración consulten más de una traducción bíblica al prepararse. A lo largo de este libro estoy usando la nueva traducción del Nuevo Testamento de David Bentley Hart porque es lo más literal posible, y por lo tanto, a veces, es poco elegante e inapropiada para uso litúrgico; sin embargo, ofrece el significado de un texto en su contexto original, y así nos permite encontrar los significados análogos en el nuestro.

También es muy útil para la congregación promedio *escuchar* en lugar de *leer* la Palabra proclamada, ya que al escucharla, el texto adquiere una vida y relevancia nuevas, abriendo cada vez nuevas vías de interpretación, permitiéndonos escucharlo fresco y sorprendente.

¿Qué significa escuchar a Dios juntos como comunidad? Nos reunimos para escucharlo, lo que significa que creemos que el que habla (Dios) tiene algo que decir que *valoramos*. Puede ser impactante, sorprendente, consolador, revolucionario, transformador o predecible, pero el mismo acto de proclamación supone que es algo que vale la pena escuchar, algo por lo que estamos agradecidos, y así respondemos: " Gracias a Dios". Esto significa quizás que el significado de nuestras vidas proviene de una Fuente más allá de nosotros mismos, igual que nosotros tampoco nos creamos a nosotros mismos.

Compartir los significados de los textos. Escuchar la Palabra de Dios sería mucho más fácil si Dios hablara unívocamente, cada oración clara como cristal, con exactitud científica, sin dejar lugar para la interpretación. Pero Dios nos respeta demasiado para tal cosa, y sabiendo que la Palabra debe ser significativa *para cada uno de nosotros en nuestra particularidad*, el Orador nos habla en parábolas, metáforas, historias y otras formas poéticas, que debemos interpretar y aplicar a nosotros aquí y ahora. Para poder participar en esto, la pregunta operativa es: *¿Qué significa este mensaje para mí/nosotros en mi/nuestra vida de hoy?*

Incluso con las mejores traducciones, la tarea de aplicar la Palabra a nuestra situación local inmediata requiere trabajo. Esto generalmente ocurre en la forma de un sermón u homilía, en el cual la persona que predica "abre" la Palabra proclamada, explorando sus significados para nosotros hoy. También puede ocurrir cuando un grupo de cristianos simplemente comparte lo que la Palabra significa para ellos en su contexto, como lo hacemos en ejercicios tales como *lectio divina* y la *reflexión bíblica* durante la preparación para el bautismo, confirmación, etc., en los que los participantes comparten el significado de la lectura *para ellos*. A veces, en congregaciones pequeñas, el método *lectio divina* o la *reflexión bíblica* se puede usar en lugar de un sermón, o en respuesta a él.

Con demasiada frecuencia, escuchamos e interpretamos la Palabra solo en cuanto nos afecta en nuestras vidas individuales, sin explorar su significado para la congregación y la comunidad que nos rodea. Las personas que predican pueden y *deben* tratar de expresar lo que Dios le está diciendo no sólo a individuos sino a la *comunidad* como tal.

El Credo Niceno. Durante casi mil años, la mayor parte del cristianismo occidental celebró la eucaristía *sin el Credo*. Promulgado por los obispos reunidos por el emperador Constantino en Nicea en 325, y expandido en Constantinopla en 381 DC, el Credo Niceno fue desarrollado para *expulsar a los arrianos de la asamblea,* porque creían que la segunda persona de la Santísima Trinidad es una criatura de Dios, inferior al Padre. En Oriente, el Credo se añadió a la eucaristía para el 511, pero en Occidente se incluyó sólo en España en el 589, y no fue hasta principios del siglo XI que la Iglesia occidental lo incluyó en la eucaristía en todas partes.

Se podría escribir un libro entero sobre el tema de si el Credo de Nicea pertenece en la eucaristía o no. Aquí solo señalo varios detalles: Primero, el contexto original y el propósito del Credo de Nicea fue *excluir a los arrianos*. Además, su lenguaje filosófico, queriendo ser claro y unívoco, es diferente del estilo metafórico y poético usualmente empleado en la liturgia. Además, durante mil años la Plegaria Eucarística fue, *y sigue siendo*, nuestra principal declaración de fe en la eucaristía, a la que asentimos con nuestro Amén, requerido para que sea válida. Por estas razones, no podemos decir que el Credo es *esencial* en la Eucaristía: en la Santa Eucaristía II solo tiene que recitarse los domingos y fiestas mayores.

Oramos por la Iglesia y el mundo. Después de haber escuchado del amor y la intención de Dios para toda la creación, nos atrevemos a hablar y decir: "¡Ayúdanos!" Como describe Justino Mártir:

> "... [ofrecemos] oraciones sinceras en común por nosotros mismos y por la persona bautizada, [está hablando de una eucaristía después del bautismo] y por todos en todo lugar, para que seamos considerados dignos, ahora que hemos aprendido la verdad, por nuestras obras que también seamos vistos como buenos

ciudadanos y guardianes de los mandamientos, para que podamos ser salvos con una salvación eterna".[3]

El Libro de Oración Común nos instruye a hacer lo mismo:

> *La oración se ofrece con intercesiones por:*
> *La Iglesia Universal, sus miembros y su misión.*
> *La nación sus autoridades*
> *El bienestar del mundo*
> *Los intereses de la comunidad local.*
> *Los que sufren y los atribulados*
> *Los difuntos (con la conmemoración de un*
> *santo cuando sea apropiado).*[4]

Dado que, en las rúbricas, la primera instancia es siempre la forma preferida, debemos notar que la rúbrica primero dirige a la congregación a orar por varias categorías. *Si la congregación no puede hacer esto libre y espontáneamente*, entonces se pueden emplear los formularios provistos por el Libro de Oración Común. La rúbrica indica una preferencia que la congregación expresse sus propias oraciones, ya sea espontáneamente o empleando formas elaboradas en la comunidad local, o las proveídas por el LOC.

---

3 Justino Martir, *Apología I*, 67.
4 L.O.C., p. 358.

Es a la luz de la Palabra de Dios que nos atrevemos a hablar, intercediendo por la Iglesia y el mundo. ¿Pero quiénes somos nosotros para interceder por la Iglesia y el mundo? La primera carta de Pedro lo explica escuetamente:

> "... son una estirpe elegida, un sacerdocio real, una nación santa, un pueblo comprado especialmente para que puedan proclamar abiertamente las hazañas de quien los llamó de las tinieblas a su luz maravillosa".[5]

Como real sacerdocio, *todos, y no solo el clero,* ofrecemos oraciones a Dios, intercediendo por las necesidades de la Iglesia y del mundo. Este es un momento especialmente poderoso cuando las Oraciones del Pueblo se elaboran a nivel local reflejando así las necesidades locales, que a menudo expresan las necesidades más amplias del mundo entero. Nuestras oraciones por la Iglesia y el mundo son también, en cierto modo, la *agenda* para nuestro testimonio y servicio. Quizás es por esto que tradicionalmente han sido dirigidas por diáconos, quienes son ordenados para llamar la atención de la Iglesia a las necesidades del mundo. Al menos, los diáconos deben notar por qué cosas la gente está orando y organizar a la congregación para servir estas necesidades en su entorno.

---

5 1 Pe 2:9.

Algunas congregaciones insertan oraciones por cumpleaños, aniversarios, etc. en algún punto entre la Palabra y la Mesa. Es más apropiado incluirlas en las Oraciones del Pueblo antes de la colecta final.

En el siglo II, la eucaristía descrita por Justino Mártir continuaba con la paz y la Gran Acción de Gracias; pero hace quinientos años insertamos la *confesión*.

La confesión. Confesamos nuestros pecados y recibimos la absolución. Este es otro desarrollo relativamente reciente, en una historia que abarca dos milenios. Los reformadores protestantes, tras eliminar la confesión privada y la absolución, introdujeron la confesión de los fieles en la eucaristía para alentarlos a comulgar, ya que por casi mil años el pueblo no había estado acostumbrado a comulgar. Roma rápidamente hizo lo mismo. Visto así en el desarrollo histórico de la eucaristía, la confesión y la absolución *no son esenciales para la eucaristía*, y pueden omitirse, según el LOC, "en ocasiones".[6]

Pero, ¿qué significa confesar y ser absuelto? "¡Ay, Juan! ¿por qué tenemos que mencionar tanto el pecado?" se me quejó un *hippie*, ya mayor, un domingo. "¿Qué significa para ti?" le respondí en un momento de buena pastoral. "Bueno" dijo, "¡*el pecado es algo tan horrible que no se puede perdonar*!" Aquí, en esta inocente respuesta, yace un grave malentendido de lo que son la fe cristiana y el amor y la misericordia de Dios.

---

6 L.O.C p. 359.

Las dos razones por las que hablamos del pecado son: es real y ha sido perdonado. Sí, *ya*.

El pecado es *real*. La palabra original en griego, *jamartia* es una palabra usada en el tiro con arco y flechas que significa *no dar en el blanco*. Se refiere a un error, un lapso o fallo. En latín, *peccatum,* del cual obtenemos "pecado" implica tropezar, o vacilar. Y todos cometemos errores, y tomamos malas decisiones; vacilamos, caemos, y tropezamos todo el tiempo, a veces de manera menor, a veces espectacularmente, lastimando a otros, a nosotros mismos, a nuestro planeta. Es parte del ser humano.

Y Dios ya lo ha perdonado. Así lo demuestra el perdón de Jesús en los evangelios. Le decía a la gente, "tus pecados están perdonados". *Sin condiciones.* Por sólo la fe de la persona, —a veces nada más que un sentido de que "este tipo me puede ayudar". A esto Jesús lo llamaba fe (*pistis*), que significa algo como lealtad fiel. La persona apuesta que Jesús lo puede ayudar y sus pecados son perdonados. Quizás no se arrepiente. Solo confía. Solo después de declarar el perdón, *a veces* Jesús añadía: "no lo vuelvas a hacer". Debe haber enojado bastante a los escribas y sacerdotes del templo, pues al hacer esto, Jesús estaba eliminando la necesidad de pagar y ganar el perdón de Dios a través de ofrendas religiosas en el templo, destruyendo así sus ingresos. Posiblemente le costó la vida a Jesús.

Pablo, interpretando el significado de la muerte de Jesús, la describe en Romanos como el pago por Dios del precio de nuestra liberación de la esclavitud a los poderes del mal y la muerte, reconciliándonos a sí mismo y unos con otros: "Pero Dios muestra su propio amor en esto, que *mientras aún éramos pecadores,* el Ungido [Cristo] murió en nuestro lugar".[7] El perdón es la manera en que Dios se reconcilia con nosotros, presente en toda la vida de Jesús, incluso en la cruz. Y *ya se ha logrado.* No podemos hacer que suceda manipulando a Dios con nuestro arrepentimiento, porque es un regalo *gratis.* Quizás es por eso por lo que la participación en la eucaristía sin confesión fue la norma durante los primeros siglos. Como dijo San Efren Sirio, "... el que come creyendo que el pan se santificó en mi nombre (dice Dios), si él es puro, será preservado en su pureza; y si es pecador, será perdonado".[8]

Si mencionamos el pecado, pues, es porque está perdonado, y no para culpar y juzgar a los demás. En nuestra confesión comunitaria no estamos ganando el perdón sintiéndonos mal por nuestros errores, sino más bien reconociendo nuestra humanidad, con agradecimiento por el perdón de Dios.

Entonces, ¿no tenemos que arrepentirnos? No tan rápido, pues si ignoramos nuestros errores o pretendemos

---

[7] Ro 5:8. El popular mal entendimiento de que Jesús murió para pagarle *a Dios* por nuestros pecados está basado en un error al leer la carta a los Romanos. Lo que escribió Pablo es que a través del sacrificio de su Hijo, *Dios* estaba pagando el precio de nuestra emancipación de la esclavitud a los poderes del mal, el pecado y la muerte.

[8] Efrén Sirio, *Homilías,* 4:4.

que no existen, el perdón nos pasa por el lado desapercibido. Solo reconociendo que necesitamos el perdón gratuito de Dios podemos aceptarlo.

La paz. Como otros aspectos de nuestra liturgia, el compartir un saludo es una acción humana básica. En nuestros primeros siglos de práctica eucarística, el intercambio de un "beso de paz" (sí, un beso del mismo sexo en la boca) se consideraba el "sello" de nuestras oraciones por la Iglesia y el mundo. Al terminar nuestras oraciones con amor y amistad, damos evidencia de la sanación del mundo, ya, aquí, hoy, entre nosotros. La paz podría ser una adaptación cristiana del saludo judío de paz (*shalom alechem*), como se usa aun hoy. No es necesario decir "la paz sea contigo", aunque es natural.

Nuestro saludo mutuo en nombre de Cristo no es simplemente una ocasión para ponernos al día con personas que no hemos visto en una semana. Tampoco es simplemente una expresión de nuestros amores y amistades naturales, con unos de la congregación más que otros. Más bien, saludarnos en este punto es una señal de *reconciliación mutua*. Porque si Dios estaba dispuesto a sufrir y morir para reconciliarse con nosotros, ¿cómo podríamos no reconciliarnos unos con otros? ¿Pero por qué hacerlo en este momento de la liturgia? Bueno, Jesús dijo:

> ... si, al traer tu ofrenda al altar recuerdas que tu hermano tiene algo en tu contra, deja tu ofrenda allí en frente del altar.

> Primero ve y reconcíliate con tu hermano
> y entonces ven y ofrece tu ofrenda.[9]

Trescientos años después, San Juan Crisóstomo lo expresó tajantemente: "¡Que nadie que se acerque tenga un enemigo! ¿Tienes un enemigo? ¡No te acerques! ¿Quieres acercarte? ¡Reconcíliate, y luego acércate, y solo entonces toca las Santas Ofrendas!".[10]

La eucaristía, parte II: Comer con Dios

Desde el comienzo de nuestra historia como seguidores de Jesús, nos hemos reunido regularmente para comer juntos. Como escribe Andrew McGowan, este fue "… el acto central alrededor o dentro del cual se organizaron otros, lecturas, predicación y profecía".[11]

Una característica común en el mundo grecorromano del primer siglo era la existencia de clubes de comensales. Llamados *collegia* en latín, estos clubes o sociedades existían para todo tipo de propósitos: como seguro de entierro mutuo, por ejemplo, o como gremios de artesanos asociados con una profesión específica y su dios

---

9 Mt 5:23-24.
10 Juan Crisostomo, *Homilia 20*.
11 Andrew McGowan, *Ancient Christian Worship: Early Church Practices in Social, Historical, and Theological Perspective*. Grand Rapids, MI: Baker Academic, 2014, 20 ss. y *passim*.

patronal. Se reunían de vez en cuando para celebrar un banquete en honor de su dios patronal.

Los griegos habían establecido la estructura del evento: primero cenaban juntos, luego el anfitrión ofrecía un largo brindis alabando al dios patrón y entonces comenzaba la segunda parte de la fiesta, el *simposio* o festín de bebida, o como diríamos los latinos, la tertulia o sobremesa. Las primeras eucaristías probablemente siguieron el mismo patrón: compartir historias, escrituras y cantos durante la tertulia *después* de que todos hubieran comido, tal como los paganos hubieran tenido conversaciones filosóficas o políticas durante la misma parte. Sin embargo, algunas generaciones más tarde, la eucaristía ya había desarrollado la estructura básica que tenemos hasta el día de hoy: primero hablamos, luego comemos.

La procesión de ofrendas. Las cenas requieren comida, por lo que la segunda parte de nuestra eucaristía comienza con la procesión de las ofrendas. En Oriente, los diáconos traían el pan y el vino de la sacristía y los colocaban en la santa mesa o altar. En Occidente, sin embargo, la gente misma traía todo tipo de ofrendas (incluso queso, aceitunas, etc.) a la santa mesa, y eran recibidas por los diáconos y diáconas. Elegían una hogaza y un poco de vino para la eucaristía y el resto se reservaba para ser distribuido a los necesitados más tarde.

Hoy, algunas parroquias han recuperado la práctica y de vez en cuando se realiza una procesión de la congregación completa con sus ofrendas. Como acción significativa, esta procesión de ofrendas es una ritualización no solo de nuestro agradecimiento a Dios, sino también de nuestra *mayordomía:* nuestra responsabilidad de no solo mantener el presupuesto de la iglesia sino más importante aún, de apoyar nuestra obra de sanación y transformación del mundo, comenzando con los más necesitados de la comunidad local. Nuestra gratitud a Dios se expresa en el amor al prójimo. Esto incluye reservar, como obligan los cánones de la Iglesia Episcopal, al menos una recolección al mes para las necesidades de los pobres locales. El diácono o sacerdote recibe las ofrendas directamente del pueblo a la santa mesa *sin intermediarios,* seleccionando pan y vino para la comunión, y poniendo la mesa. No se deben separar la procesión del pan y vino de la procesión de otras ofrendas, como el dinero. Es una sola procesión.

Damos gracias. A finales del siglo primero, el largo brindis en honor a nuestro Dios patronal, Cristo, se había transformado en una oración de alabanza por la obra de Dios en Jesús. Una de esas oraciones nos llegó en la Didajé, un manual de la iglesia que data de la época (c. 65 DC), muestra que en las cenas eucarísticas la persona que presidia bendecía a Dios por el vino y el pan partido al *comienzo* de la cena, y una vez más al *concluir,* recitando un brindis solemne sobre la copa final, (el "brindis largo" de las *collegia* grecorromanas):

"... Pero después de que estén satisfechos, da gracias así: 'Te damos gracias, Santo Padre, por tu santo nombre que haz hecho morar en nuestros corazones, (*lit.*, acampar) y por el conocimiento, fe e inmortalidad que nos revelaste a través de Jesús tu Hijo. A ti sea la gloria por los siglos. Tú, Señor todopoderoso, hiciste todas las cosas por el bien de tu nombre, y diste comida y bebida a los humanos para su disfrute, y para que pudieran agradecértelo, pero a nosotros nos has dado comida y bebida espiritual y la vida de la Era [del Reino] a través de tu Hijo. Sobre todo, te damos gracias porque eres poderoso. A ti sea gloria por los siglos. Que venga la gracia y este mundo pase. Hosanna al Dios de David. Si alguien es santo, que se acerque. Si no, que cambie de corazón'". *Maranatha*. Amén.[12]

La plegaria eucarística de la Didajé muestra varios significados importantes ya presentes desde nuestros principios. Primero, entiende a Cristo como Hijo de Dios (o

---

12 *Didaje,* 10. El concepto de "Era" (*aion*) se emplea en griego para referirse a una duración de tiempo larguísima, —aun interminable—, pues el Reino de Dios será la sanación final del mundo. Los miembros de la asamblea eucarística estamos viviendo *ya* en esa Era. La palabra aramea, *maranatha*, puede significar "Ven, Señor" o bien, "El Señor está viniendo" o bien, "el Señor vendrá". Prefiero la segunda traducción, pues indica un proceso.

siervo, —es la misma palabra), y descendiente del rey David, por lo tanto, con un reclamo mesiánico al trono de Israel. Da gracias por el conocimiento, la fe e inmortalidad revelados a través de este Rey davídico, y describe la comida y la bebida como "espirituales" en la vida de la Era. ¿Qué Era? La Era mesiánica, la Era del Reino de Dios, ya presente aquí en nuestra asamblea. Pero ¿por qué "mesiánica"? Las primeras eucaristías fueron ocasiones para reunirnos para cenar y hablar, en un contexto *radicalmente igualitario* señal del reino de Dios ya presente en ciernes entre nosotros.

Más tarde, en la época de Justino, (c. 150 AD) la persona que presidía comenzaba la Gran Acción de Gracias, o Plegaria Eucarística sobre el pan y el vino una vez presentadas las ofrendas. Señala Justino:

> "... le da gloria al Padre del universo, a través del nombre del Hijo y del Espíritu Santo, y ofrece muchas gracias por haber sido considerados dignos de recibir estas cosas en sus manos. Y cuando ha concluido las oraciones y las acciones de gracias, todas las personas presentes expresan su asentimiento diciendo Amén. Esta palabra Amén responde en hebreo a *genoito* [que así sea]. Y cuando la persona que preside ha dado las gracias, y toda la gente ha expresado su asentimiento, los llamados por nosotros

> diáconos dan a cada uno de los presentes para que participen del pan y el vino mezclado con agua sobre los cuales se pronunció la acción de gracias, y a aquellos quienes están ausentes se les lleva una porción".[13]

En la época de Justino, la Plegaria Eucarística podía ser improvisada, pero para mediados del siglo IV, ya había desarrollado la estructura que tiene hoy. Es importantísimo, sin embargo, no proyectar hacia el pasado nuestra propia experiencia eucarística a los primeros tres siglos. Aunque la estructura es prácticamente la misma, la experiencia era bastante diferente. A mediados del siglo II, por ejemplo, Tertuliano, en el norte de África, describe lo que es obviamente una cena completa con los pobres:

> "... Nuestra fiesta se explica por su nombre. Los griegos la llaman *ágape*, es decir, cariño. Cueste lo que cueste, nuestro gasto en nombre de la piedad es ganancia, ya que con las cosas buenas de la fiesta beneficiamos a los necesitados ... como es con Dios mismo, se muestra un respeto peculiar a los humildes. Si el objeto de nuestra fiesta es bueno, a la luz de eso, considera sus reglas adicionales: como es un acto de servicio religioso, no se permite vileza

---

13 Justino Martir, *Apología I*, 65.

ni inmodestia. Los participantes, antes de recostarse, [comían reclinados] hacen primero oración a Dios. Tanto se come como satisface el hambre y se bebe solo tanto cuanto corresponde al casto. Dicen que es suficiente, como gente que recuerdan que aun durante la noche tienen que adorar a Dios; hablan como aquellos que saben que después de la ablución manual y la introducción de luces, a cada uno se le pide que se ponga de pie y cante, como pueda, un himno a Dios ya sea uno de las Sagradas Escrituras o uno de su propia composición, una prueba de la medida de nuestra bebida. Como la fiesta comenzó con oración, así con oración termina".[14]

La persona que preside primero nos saluda con "El Señor sea con ustedes".[15] Comenzando un diálogo, y agrega: "Levanten sus corazones" y "Demos gracias al Señor nuestro Dios", y respondemos que sí. La oración comienza; consiste de varias secciones o momentos. El

---

14 Tertuliano: *Apología*, 39:16-18.
15 En hebreo la frase es, *Adonnai immachem*; en griego, es *ho theos sou;* en latin, *Dominus vobiscum*. Ninguna de las tres lleva el verbo ser o estar. Significa, literalmente, "Dios contigo (o con ustedes)". Es el saludo del ángel a María en Lucas, y se entiende mejor no como "que (quizás, u ojalá) el Señor *esté* con ustedes sino "el Señor *está* con ustedes". Es posible que fuese una frase común en el primer siglo, quizás la versión grecorromana de *namaste,* el saludo en sánscrito.

primero, el prefacio o introducción a toda la oración, expresa agradecimiento y alabanza a Dios por la creación y la redención, a veces con la inserción de algunas palabras apropiadas para una ocasión particular. Luego cantamos un himno de alabanza, el *Sanctus,* y el resto de la plegaria continúa.

Después de recordar la venida de Cristo, damos el por que de lo que hacemos: "En la noche en que fue traicionado, tomó pan ... y la copa de vino ... hagan esto en memoria mía ...", indicando que el pan y vino son su cuerpo y sangre a punto de partirse y derramarse para el perdón de los pecados, y que debemos repetir la acción en su memoria.

Y así hacemos. Recordamos no solo su última cena con sus discípulos, sino también su muerte, resurrección y ascensión. Ofrecemos nuestro "sacrificio" (ofrenda sagrada) de agradecimiento y alabanza, "presentando de tu creación este pan y este vino". Luego invocamos al Espíritu Santo sobre los dones y sobre nosotros, "para que sean para nosotros el Cuerpo de su Hijo y su Sangre del nuevo pacto ..." pidiendo unirnos a él en su sacrificio. Terminamos con alabanzas al Padre, Hijo y Espíritu Santo, y nuestro *Amén.*

Notemos que la Plegaria Eucarística se proclama en plural, no porque el obispo o el sacerdote sea la Reina de Inglaterra, sino porque es nuestra oración, de toda la Iglesia, expresada por la persona que preside, pero invalida sin nuestro consentimiento.

Además, la Plegaria Eucarística está dirigida al Padre, a través del Hijo, en el Espíritu Santo. Toda la Trinidad está involucrada en ella mientras recordamos y damos gracias a Dios por la creación y sus obras de salvación y sanación, llegando a un punto máximo "en estos últimos días" con la encarnación, la vida, ministerio, muerte, resurrección y ascensión de Cristo y el envío del Espíritu sobre la Iglesia.

A lo largo de los siglos, los teólogos han agonizado sobre la cuestión de si hay un *momento de consagración*. El pan, que era mero pan, es, al terminar la oración, el Cuerpo de Cristo, y lo mismo con el vino, ahora su Sangre. El occidente decidió eventualmente que el momento estaba en las palabras "Esto es mi cuerpo" y "Esto es mi sangre". El oriente lo coloca en la invocación del Espíritu Santo sobre el pan y vino. Sin embargo, mucho antes de dividirnos, se localizaba *a través de la Plegaria Eucarística entera, incluyendo la alabanza final de la Trinidad y nuestro Amén*:

> "... El pan y el vino de la eucaristía antes de la invocación de la santa y adorable Trinidad eran pan y vino simples, mientras que después de la invocación el pan se convierte en el cuerpo de Cristo, y el vino en la sangre de Cristo".[16]

---

16 Cirilo de Jerusalen, *Catequesis mistagogica I*, 7.

Por lo tanto, es razonable suponer que para fines del siglo IV se pensaba que la transformación del pan y el vino en el Cuerpo y la Sangre tomaba lugar no en un momento sino a través de la plegaria entera. La necesidad de detectar un "momento de consagración" aún no había surgido.

Compartimos la comida. Hoy nuestra comida es sencilla, y todavía partimos el pan para compartirlo. Cada vez más las congregaciones usan una hogaza de pan (con o sin levadura) como lo hicieron los primeros cristianos, —y los anglicanos por 250 años— un solo pan a partirse en trozos más pequeños, lo suficientemente grandes como para ser masticados.

¿Comerían pan y beberían vino por separado de la cena, con especial devoción los antiguos participantes? Así indica la Didajé, ya que son un elemento de la bendición de la mesa judía hasta el día de hoy. ¿O compartían este pan y vino durante toda la comida? En cualquier caso, la comida finalmente quedó atrás, probablemente debido al número creciente de participantes, dejando solo pan y vino para fines del siglo III. Sin embargo, la cena eucarística compartida con los más necesitados, siguió en efecto por separado por algún tiempo.

Pero, ¿qué significa compartir la Cena del Señor? ¿Qué ha significado en su larga historia? Veamos las diferentes facetas de este significado :

Comer en memoria de Jesús. No comemos a menudo en memoria de alguien, excepto quizás después de los funerales. Los mexicanos recuerdan y comen con los muertos, el Día de los Muertos, el 2 de noviembre. Se prepara una comida con las comidas favoritas del fallecido y luego se comparte en la tumba o en casa. Esta práctica se remonta a los primeros siglos: los cristianos, como la mayoría de los romanos, se reunían en catacumbas para compartir una comida en la tumba de sus seres queridos, generalmente en el aniversario de su muerte. Les pudo haber parecido completamente natural, pues, tener una comida en memoria de Jesús. Esta comida conmemorativa, para los cristianos romanos en las catacumbas y otros cristianos de la cuenca del Mediterráneo, rápidamente se enriqueció con diversas capas de significado.

Comer en el reino de Dios. Isaías había vislumbrado el día en que Israel y las naciones serán reunidas por Dios en un banquete mesiánico:

> "En esta montaña, el Señor de los ejércitos hará para todos los pueblos una fiesta de cosas grasas, una fiesta de vino sobre lías, de cosas grasas llenas de médula, de vino sobre lías bien refinadas. Y destruirá en esta montaña la cubierta que se extiende sobre todos los pueblos, el velo que se extiende sobre todas las naciones. Se tragará la muerte para siempre, y el Señor Dios enjugará las lágrimas de todos los rostros, y el

reproche de su pueblo lo quitará de toda la tierra, porque el Señor ha hablado. Ese día se dirá: 'He aquí, este es nuestro Dios; lo hemos esperado para que nos salve'".[17]

Desde el comienzo de nuestra historia, nuestra cena compartida ha sido un signo o señal del reino de Dios ya presente en ciernes aquí, entre nosotros, en nuestra comunidad: la comunidad del Reino de Dios, una sociedad alterna donde "... los ciegos ven de nuevo, los cojos caminan, los leprosos se curan, y los indigentes reciben buenas noticias".[18] Como todos los sacramentos, esta comida compartida a la vez expresa y efectúa este significado de quiénes somos como comunidad.

Comer en solidaridad con los pobres. Las primeras eucaristías, comenzaron en Galilea, y se desarrollaron en una época en que Herodes Agripa, a cargo de Galilea, había expropiado terrenos para construir las nuevas ciudades romanas de Sepphoris y Tiberias. Esto aumentó el número de desahuciados, como también el de los indigentes. Es en este contexto que los primeros cristianos comenzaron a compartir sus comidas; en ellas los pobres y hambrientos comían al lado de los más cómodos y los muy, muy pocos ricos. Juan Crisóstomo más tarde expresaría esta conexión entre la Eucaristía y los pobres:

---

17 Isaías 25: 6-9.
18 Mt. 11:5.

"¿Deseas honrar el cuerpo del Salvador? No lo desprecies cuando está desnudo. No lo honres en la iglesia con ornamentos de seda mientras afuera lo dejas adormecido de frío y desnudo. El que dijo: 'Este es mi cuerpo', y lo hizo así por su palabra, es el mismo que dijo: 'Me viste hambriento y no me diste comida. Como no lo hiciste con uno de los más pequeños, no me lo hiciste a mí'. Hónralo entonces compartiendo lo tuyo con los pobres. Porque lo que Dios necesita no son cálices de oro sino almas de oro".[19]

Hoy seguimos redescubriendo la conexión. En la Iglesia Episcopal de San Gregorio Niseno, en San Francisco, California, por ejemplo, inmediatamente después de la eucaristía cada domingo, el altar, y todo el santuario se convierte en un centro de distribución de alimentos para los necesitados. ¿Quizás podamos recuperar una vez más una eucaristía donde los cómodos y los indigentes comen juntos?

Nosotros, el Cuerpo de Cristo. Al leer el primer relato que tenemos de los cristianos de la eucaristía —unas cenas completas compartidas en asamblea (1 Corintios), uno nota la movida retórica de Pablo, su autor: para exigir que los ricos respeten a los pobres y dejen de comer por separado las delicias que habían traído, Pablo argumenta que los cristianos no son nada menos que

---

19 Juan Crisóstomo, *Homilías sobre Mateo*, 50, 3.

el Cuerpo del Cristo resucitado. Para probarlo, repite las palabras de Jesús sobre el pan y el vino mientras decía la bendición de la mesa judía en su Última Cena. Por lo tanto, para Pablo, el significado de nuestra cena compartida es el mismo que descubrió en su experiencia de conversión rumbo a Damasco: los cristianos son Cristo, y al perseguirlos, él estaba persiguiendo a Cristo. Mucho más tarde, San Agustín lo resumiría así: "Fíjate quién eres; conviértete en lo que recibes".[20] Y San Juan Crisóstomo explicaría:

> "Esta unión [con Cristo] se efectúa a través de la comida que nos ha dado en su deseo de mostrar el amor que nos tiene. Por esta razón, se unió íntimamente con nosotros, mezcló su cuerpo con el nuestro como levadura, para que nos convirtieran en una sola entidad, ya que el cuerpo está unido a la cabeza".[21]

Comer a Cristo. Gradualmente, la experiencia mística de comer individualmente a Cristo y estar unido a él llegó a caracterizar la espiritualidad de los pocos que comulgaban durante la Edad Media. Hadewijch de Amberes, por ejemplo, escribió sobre esta experiencia en el siglo XIII:

---

20 Agustín de Hipona, *Sermón Pascual*, 227.
21 Juan Crisóstomo, *Homilías sobre Juan*, 46, 3.

"En ese momento [al comulgar] también tuve, por un corto tiempo, la fuerza para soportarlo. Pero muy pronto perdí la visión externa de la forma de ese hombre hermoso, [Cristo] y lo vi desaparecer en la nada, derritiéndose tan rápidamente y fusionándose [conmigo] que no podía verlo ni observarlo fuera de mí, ni discernirlo dentro de mí. Fue para mí en ese momento como si fuéramos uno sin distinción".[22]

Durante veinte siglos los teólogos han derramado mucha tinta tratando de explicar cómo se transforman el pan y el vino. Aparentemente, la explicación del siglo cuarto, que sucede rezando la Plegaria Eucarística y nuestro asentimiento final, no fue lo suficientemente buena. La primera explicación consideraba el pan y el vino como tipos (signos) del antitipo (Cristo). Mucho más tarde, se usó la teoría tomista medieval de la transubstanciación: un cambio en la "sustancia" del pan y el vino (lo que son), mientras que los "accidentes" (lo que parecen, saben y huelen) se mantienen igual. Más recientemente, el "realismo simbólico" es más popular entre los eruditos litúrgicos porque, en cierto sentido, une tanto el primer entendimiento con la explicación medieval más literal. Piensa en una foto de un ser querido, haciéndolo presente, sin ser exactamente

---

22 Hadewijch de Amberes, "Vision VII" en *Essential Writings of Christian Mysticism,* ed. by Edward McGuinn. New York: Modern Library, 2006, p. 104.

él. En el anglicanismo, esta obsesión con explicar cómo se transforman el pan y vino fue puesta en su sitio por la famosa estrofa de la reina Isabel I:

> "Fue Dios la Palabra que lo habló,
> Tomó el pan y lo partió:
> Y lo que esa Palabra hizo,
> Eso creo y lo tomo yo".[23]

No hay que explicar *cómo* ocurre esta transformación; es más productivo notar que en la Santa Eucaristía, Cristo está presente en nuestra acción de cuatro maneras diferentes *a la vez*: En la congregación, su Cuerpo resucitado a través del bautismo; en la proclamación de la Palabra, porque él es esa Palabra hecha carne; en la Plegaria Eucarística (entera) sobre el pan y el vino y su consumo, y en los ministros ordenados, quienes, como veremos más abajo, representan a Cristo porque nos representan a nosotros, que somos el Cuerpo resucitado de Cristo.

El envío. Después de comer, nos envían. En el Libro de Oración Común, esto tiene lugar en tres "momentos": Primero le pedimos a Dios que nos envíe "...ahora en paz al mundo; revístenos de fuerza y valor para amarte y servirte con alegría e integro corazón..."[24] entonces el

---

23 Cf. John Foxe, *Acts and Monuments,* y John Donne, "The Sacrament", en *Divine Poems.*
24 L.O.C. p. 365.

sacerdote da una bendición *opcional* y un diácono o diacona nos despide.

Nuestra amiga, la monja Egeria, que escribió en Jerusalén a finales del siglo IV, describió cómo al final de cada servicio la gente iba " a la mano del obispo". No creo que hayan ido a besarle el anillo, sino a recibir una rápida imposición de la mano en un gesto que significa bendición y envío con autoridad todo a la vez. ¿Pero autorizar para hacer qué? ¿Y donde? Para proclamar, como Jesús, las Buena Noticia de Dios: El Reino de Dios está muy cerca: cambia de corazón y confía en la Buena Noticia.

El arco de la eucaristía. En resumen, la eucaristía se compone de las acciones significantes que hemos revisado; pero todo el flujo del evento, su arco, si se quiere, tiene varias capas de significado.

Primero, y durante toda la liturgia, la Eucaristía es la acción de Dios, —a través de nuestras acciones rituales, sí— pero es Dios que interactúa con nosotros, ensayándonos en cómo vivir en el nuevo mundo del reino de Dios. Esta acción divina es dinámica y participativa. No es un espectáculo para ser visto o un deporte en el que somos espectadores, sino que requiere nuestra participación *consciente y activa*. Todos, y no solo las personas al altar, lo llevamos a cabo juntos, liderados por una variedad de ministros, y no solo la persona que preside.

Además, el arco tiene una lógica salvífica o, si lo prefiere, sanadora: Dios nos llama a salir de la vida diaria y reunirnos en asamblea para sanarnos y enviarnos de vuelta al mundo para cambiar y sanarlo. Esta "otredad" de la asamblea, es decir, que Dios nos *separa* temporalmente, constituye la eucaristía como un evento *sagrado*, que fuera de nuestra vida cotidiana nos ayuda a "practicar" cómo vivir con Dios, conscientemente, pero revelando a la misma vez que nuestra vida cotidiana también es sagrada, llena de la presencia de Dios.

Finalmente, en la eucaristía participamos en acciones que manifiestan o revelan nuestra verdadera naturaleza como comunidad: la continuación, o Cuerpo, de Jesucristo en la historia, de modo que, como escribió Louis Bouyer, la eucaristía es "la epifanía de la Iglesia", la expresión de quienes somos como pueblo.[25]

El reino aquí ya y todavía no. La eucaristía revela que la Iglesia es una comunidad de personas unidas por Dios para ser transformadas y enviadas al mundo para anunciar las Buenas Nuevas del afán de Dios de reconciliarse con nosotros incondicionalmente, restaurándonos y transformándonos como sociedad, —y no solo como individuos— a la imagen de Dios.

De esta manera, presenta una experiencia sentida, —y no sólo pensada—, de este mundo restaurado en el reino de Dios para que, como en todos los ritos religiosos, los participantes experimentemos lo que es vivir en él como lo sería aquí y ahora si llegara hoy. Al menos en

---

25 Louis Bouyer. *The Church of God: Body of Christ and the Temple of the Spirit.* (San Francisco, CA: Ignatius Press, 2011, p. 322.

este sentido, la liturgia, cuando funciona bien, es también formación cristiana.

En esta comunidad del Reino, Dios llama a cualquiera que desee unirse a través de un *proceso de cambio* expresado dramáticamente en el Bautismo, en el que nos unimos a Cristo en una imitación de su muerte para compartir su vida resucitada, convirtiéndonos en miembros de su Cuerpo resucitado. "Esto es un gran misterio: Hablo de Cristo y su asamblea (Iglesia)" escribió el autor de la Carta a los Efesios.[26] La resurrección de Cristo y el mismo ser de la Iglesia están íntimamente relacionados.

Nota sobre la Eucaristía sin bautismo. La actual fascinación de algunos por eliminar el bautismo como requisito para participar en la eucaristía revela un deseo de ser inclusivo y radicalmente hospitalario hasta el punto de ser escandaloso. Esto, la hospitalidad, es ciertamente un valor del Nuevo Testamento y una característica de las primeras eucaristías, donde ricos y pobres, esclavos y libres, pecadores o no, comían juntos como señal de la llegada del reino prometido de Dios. Por otro lado, la eucaristía es la obra de Dios a través de las acciones significativas del Cuerpo de Cristo, la Iglesia, constituida como comunidad por el Bautismo. ¿Cómo resolver el asunto mientras respetamos ambos aspectos?

En el meollo del dilema se encuentra una confusión sobre la naturaleza de las normas y excepciones. En

---

26 Ef. 5:32.

teología sacramental, por norma no queremos decir "lo que la mayoría de la gente hace" (norma estadística), sino "cómo sería el sacramento en su totalidad, sin abreviaturas ni excepciones". La norma pues, para el bautismo es la inmersión en agua del candidato adulto ante la congregación entera en la Pascua o en un día festivo importante, después de un largo período de conversión de vida y comportamiento, seguido a su vez por siete semanas de reflexión en comunidad sobre lo que ha experimentado. Obviamente, no hacemos esto la mayor parte del tiempo. Es el *ideal,* por el cual medimos nuestras decisiones al hacer excepciones y ajustes.

De la misma manera, la norma de la eucaristía es la reunión de la asamblea cristiana para escuchar la palabra de Dios y aplicarla a nuestras vidas, orando por la Iglesia y el mundo; trayendo ofrendas de agradecimiento y alabanza y compartir una comida en memoria de Cristo, su vida, ministerio, muerte y nueva vida, y la venida del Espíritu, enviándonos al mundo para sanarlo.

Sin embargo, el hecho de que este sea un evento cristiano no significa que debamos convertirnos en policías litúrgicos en el comulgatorio. Todas las normas admiten excepciones, y ciertamente debemos hacer excepciones en nombre del amor y la hospitalidad radical, dando la bienvenida a todos a la mesa sin cuestionar su membresía eclesiástica, mientras nos aseguramos de que predicamos y enseñamos sobre la importancia del bautismo. Esto no sucede automáticamente, y por eso aquellas parroquias que tienen programas para la preparación de candidatos para el bautismo generalmente crecen más rápido.

Aun así, esto no significa que quien presida deba agregar palabras de invitación a la invitación existente, "los dones de Dios para el pueblo de Dios", —cosa que solo confunde y trae problemas. Estas invitaciones a comulgar, si fueran necesarias, mejor se agregan al final del sermón o se imprimen en el boletín. Porque una cosa es hacer excepciones pastorales al canon que requiere el bautismo para comulgar. Lo hacemos todo el tiempo. Otra cosa es detener la liturgia y proclamar (como si uno tuviera autoridad para hacerlo), que el bautismo *no es* cómo nos convertimos en miembros del Cuerpo resucitado de Cristo, la Iglesia. Ese es un grave error de teología litúrgica, y aunque todas las normas admiten excepciones, el convertir excepciones en normas ha sido uno de los errores más peligrosos y duraderos en la historia de la liturgia a lo largo de veinte siglos.

Hemos examinado de cerca el bautismo, en que nos unimos como miembros a Cristo y su comunidad del Reino de Dios, la Iglesia; y también hemos explorado la Santa Eucaristía, en la que semana por semana celebramos el misterio que es Cristo y su Iglesia. Pasemos ahora a ver cómo está organizada nuestra comunidad.

Capítulo V

Como organizarnos

Las órdenes sagradas

Durante gran parte de nuestra historia, ciertamente durante los casi mil años que duró la Edad Media, con demasiada frecuencia a nivel popular "Iglesia significaba 'clero'". Hoy, sin embargo, estamos recuperando el antiguo sentido de la Iglesia como la comunidad de los bautizados en la muerte y resurrección de Jesús, convirtiéndonos así en miembros de su Cuerpo resucitado. Entonces debemos preguntarnos: Si las personas ordenadas no son la única "Iglesia", ¿qué son?

Comencemos con nuestras experiencias. ¿Cuál ha sido tu experiencia del ministerio —primero, de tu propio ministerio? ¿Qué características tiene en común todo ministerio, de cualquier persona bautizada? ¿Cómo es diferente el ministerio de tu obispa, sacerdote y diácona del ministerio de los laicos? ¿En qué se distinguen los ministerios de las cuatro órdenes de la Iglesia: laicos, obispos, diáconos y sacerdotes? ¿Cómo ha sido tu experiencia de los y las ministras ordenadas? ¿Emocionante? ¿Significativa? ¿Problemática? ¿Consoladora? ¿Esclarecedora? ¿Abusiva? Piensa por un minuto cómo los ministros ordenados han desempeñado o no su rol o papel en tu pasado. Considera también tus expectativas del clero: cómo se han cumplido o no. Puedes tomar notas.

¿Qué es el "ministerio"? La palabra significa *servicio*. Todos los cristianos estamos llamados al servicio por virtud de nuestro bautismo. Este servicio no es principalmente el servicio al resto de la Iglesia, (por ejemplo, servir en la cofradía del altar, o ser un ujier o un acólito) sino *al mundo*.

Las órdenes de la Iglesia. Algunas personas suponen que por "las órdenes sagradas" queremos decir que el Obispo (o Dios) ha *ordenado* al clero que haga algo, como en "Te ordeno que...", pero la palabra *orden* de hecho proviene de *ordo* en latín que significa arreglo, clasificación o estructura. Como cualquier otra comunidad humana, el pueblo cristiano tiene un orden. Ya que somos un "... sacerdocio real, una nación santa", ese orden es sagrado.[1]

La palabra laico/a, que denota a las personas bautizadas, pero no ordenadas, se deriva de *laos,* la gente, porque nosotros somos la *laos theou*, el "Pueblo de Dios". Israel fue el primer "Pueblo de Dios", pero la Iglesia, descendiente de Israel, también ha reclamado el título. "¿No es

---

1 1 Pe 2:9.

todo el mundo 'Pueblo de Dios'"? bien podrías preguntar. Sí, en el sentido de que todo ser humano es una criatura y pertenece a Dios. Sin embargo, la expresión "Pueblo de Dios" también significa un pueblo *elegido por Dios para un propósito*. La Iglesia es una asamblea o *ekklesia*, convocada y elegida por Dios del resto del mundo, y por lo tanto separada o consagrada, como "Pueblo de Dios". En cierto sentido, la frase implica que los judíos y cristianos estamos conscientes y nos entendemos a nosotros mismos, como lo que todos los demás son, aunque no lo sepan: hijos e hijas de Dios con un propósito. Nuestro propósito o misión, es el mismo de Cristo: la reconciliación, —unos con otros y con Dios para sanar/salvar el mundo y en el proceso, recibir el Reino de Dios. En el capítulo final, exploraremos este Pueblo de Dios, la Iglesia, como señal y sacramento reunidos por Dios y enviados en misión. Aquí, sin embargo, echamos un vistazo a las personas en órdenes sagradas, es decir, el obispado, diaconado y presbiterado o sacerdocio. Una persona entra a una de estas ordenes a través del rito de ordenación.

La liturgia de ordenación. Quizás lo más sorprendente de la liturgia de ordenación es que *la gente* le dice al obispo lo que tiene que hacer: "N, Obispo en la Iglesia de Dios, en nombre del clero y la gente de la Diócesis de N, te presentamos a NN ser ordenado (obispo, sacerdote o diácono) en la santa Iglesia católica de Cristo".[2]

---

2 L.O.C., p. 415.

La segunda sorpresa es que la candidata aparece vestida con su vestido bautismal, el alba, vestido de los laicos, y no los ornamentos distintivos de cualquier otro orden al que ya pertenezca. Estos dos pequeños detalles expresan dos aspectos importantes de la ordenación: primero, que *es la comunidad de la Iglesia* la que inicia la ordenación pidiéndole al obispo que ordene. Segundo, la persona a ser ordenada es miembro bautizado de la Iglesia, y es ordenado sobre esa base, no porque ya pertenezca a otro orden. Al presente, es requisito de la ley canónica que los sacerdotes hayan sido diáconos y que los obispos que hayan sido sacerdotes, pero ese requisito no está presente en el rito, ni existió durante los primeros seis siglos de nuestra historia.

El obispo, después de confirmar que la persona ha sido seleccionada y preparada adecuadamente, solemnemente le pregunta a la congregación si es su voluntad que sea ordenada. Entonces oramos por ella, se proclama la Palabra de Dios, y sigue el sermón. El obispo examina a la candidata, describe la naturaleza de la orden al que está llamada y ella promete llevar a cabo su ministerio. Se invoca al Espíritu Santo en un himno, y el obispo pone las manos sobre la candidata y le pide a Dios que derrame su gracia y poder y la haga obispa, diácona o sacerdote en la Iglesia de Dios. Se le entrega una Biblia y posiblemente signos adicionales de su ministerio, como los ornamentos litúrgicos de su orden. Se presenta la persona ordenada al pueblo, quienes aplauden, y se comparte la paz. La nueva obispa, diacona o sacerdote participa en el resto de la eucaristía según su orden.

Imposición de manos El núcleo de los tres ritos de ordenación, es la imposición de manos por parte del obispo con oración. Imponer manos con oración ya era una forma judía de nombrar ancianos y rabinos en Israel, y los primeros apóstoles hicieron exactamente lo mismo al escoger a Matías y los primeros siete diáconos. El gesto expresaba selección, autorización y comisión para ir y hacer algo con autoridad.

El liderazgo en la Iglesia primitiva. Las primeras formas de liderazgo de la Iglesia —anfitriones de iglesias domésticas, y predicadores itinerantes— finalmente dieron lugar a una triple expresión del ministerio de liderazgo en la comunidad: Los conocemos hoy como obispos/as, diáconos/as y sacerdotes. Cuando se escribió el evangelio según Lucas y el libro de los Hechos, a fines del primer siglo sólo había *episkopoi* ("supervisores", —nuestros obispos) y *diakonoi* ("sirvientes", —nuestros diáconos) en el liderazgo litúrgico de la asamblea cristiana. Los *presbiteroi* ("ancianos", —nuestros sacerdotes) desempeñaban un papel completamente diferente, *no litúrgico,* como miembros del consejo de ancianos de la congregación, es decir, su "junta parroquial".

En pueblos judíos las juntas de presbíteros ("ancianos") tomaban decisiones gubernamentales como *concejales*. Los cristianos, tal vez entendiéndose a sí mismos como un pueblo o ciudad alterna, los elegían para tomar decisiones con respecto a la vida de la comunidad. Es posible que estos concejales ancianos, además de ejercer la supervisión general de la comunidad local, también la convocaran, predicaran, enseñaran la fe y ministraran a los enfermos, pero sobre todo eran concejales y no ministros litúrgicos. La presidencia litúrgica pertenecía al *episkopos* (obispo), asistido por *diakonoi* (diáconos). A fines del primer siglo, por ejemplo, la Didajé instruye a los cristianos de Antioquia:

> "Asígnense, por lo tanto, a ustedes mismos supervisores (*episkopoi*) y sirvientes (*diakonoi*) dignos del Señor, gente humilde y no amantes del dinero, veraces y probados, porque también les ministran el ministerio de los profetas y maestros. Por lo tanto, no los desprecien, porque son sus líderes honorables junto con los profetas y maestros".[3]

Los profetas y maestros eran otro tipo de líderes, muchas veces itinerantes. Ya, para finales del primer siglo, vemos en la Didajé que algunas comunidades nombraban obispos y diáconos además de recibir profetas y maestros. Los presbíteros también estaban presentes, pero como junta parroquial.

---

3 Didaje, 15.

Al principio cada congregación tenía un obispo/a como presidente, y ya que en la cuenca del Mediterráneo generalmente había una congregación en cada ciudad, sus obispos eran considerados fácilmente "obispo/a de tal ciudad". Sin embargo, a comienzos del tercer siglo, en las grandes ciudades como Roma con sus veintitrés congregaciones, tener veintitrés obispos en una ciudad se convirtió en un punto de discordia. Al fin y al cabo, la norma se estableció de tener *un solo obispo* para todas las congregaciones en *una* ciudad. Debemos tener cuidado de no proyectar hacia el pasado nuestra experiencia de hoy al segundo siglo. Estos obispos eran simplemente pastores de una (o varias) congregaciones que se reunían en casas para cenar juntos y ayudar a los más necesitados, escuchando relatos bíblicos y las amonestaciones de quien preside. No existían todavía textos fijos para la liturgia, ni ornamentos eclesiásticos, ni velas, altares, etc. Solo un grupo que se reunía en casas. El obispado como lo entendemos hoy —con su supervisión de diócesis enteras, se desarrolló mucho más tarde.

Delegación de presidencia litúrgica a presbíteros. Me gusta pensar que un domingo en la mañana a principios del siglo III, algún obispo de una gran ciudad se volvió en la cama a su esposa y le dijo: "Cariño, ¡no puedo estar en veinte congregaciones en un día!" O tal vez las persecuciones a mediados del siglo III redujeron la presencia de obispos y forzaron a las congregaciones a esconderse fuera de vista; de cualquier manera, los obispos comenzaron a *delegar* la presidencia en la eucaristía a *un/a* presbítero/a de la junta parroquial de una congregación determinada. Y, para dejar claro que se trataba de una *delegación* y que el verdadero presidente de la asamblea seguía siendo el obispo, enviaba a la comunidad local un pedazo del pan consagrado en una eucaristía anterior. El presbítero designado lo depositaba en el cáliz. Esto era llamado el "*fermentum*" (levadura) expresando así la delegación de presidencia al presbítero por parte del obispo. Así fue como llegamos los presbíteros a presidir en la liturgia.

"Sacerdote" (*presbyteros*) y "sacerdote" (*hiereus*). La literatura cristiana posterior al siglo III a veces llama al obispo "sumo sacerdote". Esto confunde, ya que la referencia es al antiguo Sumo Sacerdote (*hiereus*) en Jerusalén, *no* a los presbíteros de las congregaciones cristianas. Durante los primeros tres siglos, los cristianos no llamaron *a nadie* sacerdote (*hiereus*) en el sentido judío de alguien que ofrece a Dios sacrificios —es decir, ofrendas sagradas. Solo Cristo, sacerdote *(hiereus)* y víctima en la cruz recibió esta apelación. Los primeros cristianos se reconocían a sí mismos como un "sacerdocio real" porque, en un sentido metafórico, ofrecían sus vidas a Dios como ofrendas sagradas e intercedían por el mundo. No fue hasta el siglo IV que los obispos, y mucho más tarde, los presbíteros fueron llamados sacerdotes (*hiereus*) en el sentido sacrificial. Hasta entonces éramos sacerdotes (*presbyteroi*) —es decir ancianos.

Ya para el Concilio de Nicea (325 DC) nuestra triple estructura de ministerio ordenado estuvo en pie. Además de obispos, diáconos y sacerdotes, sin embargo, también teníamos otras órdenes: *catecúmenos* que se preparaban para el bautismo, *viudas, vírgenes y penitentes*. Más adelante, en la Edad Media, también habría *exorcistas, campaneros, lectores, porteros*, etc., una gran cantidad de "órdenes menores" posiblemente originadas en los monasterios, que para el siglo VIII habían comenzado a influir bastante el desarrollo de la liturgia. Los reformadores protestantes eliminaron las órdenes menores, quedando en nuestros días, las tres órdenes mayores, aunque se entiendan y llamen de maneras diferentes, en diferentes denominaciones.

El orden sagrado como relación. Al más básico nivel, ser ordenado es "ser puesto en su sitio" dentro de la estructura de la Iglesia, en relación tanto con la Iglesia como con el resto del mundo. Estos "sitios" o posiciones se desarrollaron naturalmente, según su función en la liturgia, pero a la vez, expresando el tipo de liderazgo que las personas ordenadas llevaban a cabo en la vida cotidiana de la congregación y sus alrededores.

A menudo alguien me pregunta, tan pronto descubre que soy sacerdote, "¿Tienes una iglesia?" Es como si ser sacerdote fuera de la mano de una congregación. Hay cierta sabiduría en esto, porque sin la gente, no hay sacerdote ni campanario. Los ordenados —incluso los obispos— estamos *dentro y debido a* la comunidad cristiana, y no por encima, al lado, además, o independientes de ella.

En la ordenación un ser humano regular se convierte en *signo o señal vivo de un aspecto de toda la comunidad cristiana*. En realidad, las personas-signos son bastante comunes; nos topamos con ellas todo el tiempo. Pueden ser signos de un sistema de justicia (policía, jueces, etc.), o signos de un sistema de salud (enfermeras, médicos, técnicos) o del poder militar. El clero somos signos de la Iglesia, el Cuerpo de Cristo y, por lo tanto, de Cristo, la encarnación de Dios. *Toda* la comunidad cristiana, es apostólica, servidora y anfitriona maestra del resto del mundo. Los ordenados somos los signos vivos, o iconos, de estos dones del Espíritu conferidos a toda la Iglesia. En este sentido, cada orden sagrado manifiesta o ejemplifica un aspecto diferente de la Iglesia. Mirémoslos más de cerca.

El obispo como signo. Los obispos, como *episkopoi* (supervisores) tienen una visión amplia de las cosas. Además, expresan tres aspectos fundamentales de la Iglesia: su unidad, apostolicidad y catolicidad. Siendo un individuo, y no un comité, el obispo encarna la unidad de la Iglesia. Esta unidad no es una esperanza aún por cumplirse sino un aspecto fundamental de quienes *ya* somos pues decimos claramente en el Credo, "Creemos en la Iglesia que es una…". No que *será* una sino que *ya* es una. Un Cuerpo de Cristo, unido por el Bautismo a Cristo, quien es uno con el Padre. La Iglesia es *una*. El obispo u obispa es signo de ello. Nuestras divisiones y separaciones son resultado del pecado y contrarias a nuestra verdadera naturaleza de ser una comunidad, un Cuerpo.

El obispo es también el icono vivo de la *apostolicidad* de la Iglesia. Somos una comunidad apostólica porque somos enviados *(apostolein* significa enviar con autoridad) como los apóstoles, y porque vivimos en continuidad con la enseñanza y la comunión de los apóstoles, la fracción del pan y las oraciones. Al ordenar a otros, los obispos también expresan la autoridad de la iglesia para establecer su liderazgo.

El obispo también expresa la *catolicidad o universalidad* de la Iglesia, (*katholikos* significa universal) precisamente porque, siendo *episcopos* o supervisor, su visión abarca no solo su diócesis, sino el resto de las comunidades cristianas representadas por sus obispos alrededor del mundo. Así, el obispo nos ayuda a evitar que nos volvamos demasiado provinciales y locales, y nos recuerda que pertenecemos a una Iglesia *universal*.

El ministerio del obispo requiere toda una serie de virtudes, entre ellas, suficiente humildad para cuidarse. Otra es la autoridad, que a menudo confundimos con el poder. Pero la autoridad es capacidad de engendrar confianza en otros porque uno es, de hecho, *autor,* es decir, el que puede llevar a cabo una tarea). La autoridad se confiere gradualmente a medida que uno establece su *confiabilidad*. Por otro lado, el poder es el derecho a mandar y ser obedecido, investido por la ordenación y cánones de la Iglesia. El poder es canónico y legal. La autoridad es relacional e interpersonal. Esto es cierto no solo para los obispos, por supuesto, sino también para los sacerdotes y los diáconos.

Sacerdote, signo de la Iglesia. Las personas en el sacerdocio (presbíteros y presbíteras) reciben por delegación algunos aspectos de la presidencia litúrgica del obispo. Esta delegación, implícita en la ordenación, incluye la presidencia no solo en la liturgia de la congregación, sino también en su vida diaria en tales aspectos como el acoger a nuevas personas, formar espiritualmente a los miembros, y pastorearlos, así dirigiendo la congregación cristiana local, pues *toda* la Iglesia está llamada a acoger, apacentar, y enseñar al resto de mundo como ser una sociedad del Reino. En las congregaciones sin diáconos, los ministerios diaconales litúrgicos y *extra-litúrgicos,* recaen en los y las sacerdotes, con la ayuda de líderes laicos.

El sacerdocio, sin embargo, a menudo se degrada en lo que Louis Weil ha denominado, "el sacerdote omnívoro"[4] refiriéndose a sacerdotes que en la liturgia (e incluso en la vida cotidiana) tienen que hacerlo todo ellos mismos, tragándose así los ministerios de lectores, catequistas, diáconos etc. Algunos sacerdotes se jactan de que tienen que hacerlo todo, haciéndose víctimas. Yo no lo haría, ya que esto es clara señal de que no saben delegar, y la presidencia sana sufre cuando no hay delegación. Presidir

---

4 Comunicación personal.

literalmente significa "sentarse delante". Sentado. No corriendo por todas partes haciéndolo todo.

Por ejemplo, en la Sagrada Eucaristía, Rito II del Libro de Oración Común si hay otro predicador y un diácono, los y las obispas y sacerdotes tenemos muy poco que decir: Los saludos, dos colectas, el sermón la absolución, la Plegaria Eucarística y la bendición final (*opcional*). *Nada más*. Esto nos permite a los sacerdotes presidir como una presencia atenta, reverente, y tranquila, modelo para todos y todas de como participar en nuestra asamblea. La persona que preside —sea obispo, obispa o sacerdote— preside delegando y coordinando con apoyo sabio y efectivo, las acciones de múltiples ministros litúrgicos: Ujieres, acólitos, diáconos, músicos, cofradía del altar, etc.

El Diácono como signo. Al principio, ser diácono o diacona significaba ser delegado por el o la obispa para servir en la liturgia, administrar la congregación, determinar las necesidades de los más pobres y coordinar la distribución de asistencia a ellos y ellas. En el contexto del Nuevo Testamento, los diáconos surgieron para servir las mesas durante la eucaristía, y así librar a los apóstoles y anfitriones para presidir y predicar. Rápidamente, también se convirtieron en organizadores de la comunidad. Después de todo, servir una comida a un grupo de alrededor de 50-100 personas requiere precisamente eso: el saber organizar. ¿Qué organizaban? La Iglesia en su ministerio al mundo. Hoy los diáconos pueden y quizás deben organizar el ministerio de la congregación *al* *mundo circundante*. No pueden hacerlo todo ellos mismos, pero, también por delegación, pueden organizar y apoyar varios, incluso muchos ministerios locales, apoyando voluntarios, administrando presupuestos, etc. Por tanto, aunque la palabra *diakonos* significa sirviente, los diáconos no son *meros* sirvientes —los bautizados somos todos y todas servidores— sino *líderes e iconos* de una iglesia servidora. Deben llamar la atención de la Iglesia a las necesidades del mundo y organizarnos para hacer algo al respecto.

Iconos de Cristo. Como signos de diferentes aspectos de la Iglesia, los ministros ordenados representan a la Iglesia y, por lo tanto, a Cristo. No representamos a Cristo porque tengamos una conexión metafísica directa con él o seamos especialmente santos, sino porque somos signos o iconos de su Iglesia, su Cuerpo. Los bautizados *también* representan a Cristo, pues son miembros vivos de su Cuerpo resucitado, pero las personas ordenadas están *oficialmente* establecidas como signos de la Iglesia, y su Cabeza, Jesucristo.

Cambio ontológico. Con demasiada frecuencia, esta frase rara se usa para describir la santidad o la sacralidad de los ordenados como algo inescrutable y místico que sucede en la ordenación y dura para siempre. Para comprender su significado, debemos examinar primero que es ontología, una rama de la filosofía que se pregunta qué son los seres. ¿Es un avión? ¿Un tren? ¿Superman? ¿Es un elefante o un insecto? ¿Qué tipo de ser es, por ejemplo, un unicornio? —un caballo con un cuerno, imaginario. Lo que le importa a la ontología es lo que es un ser. *Un cambio ontológico es un cambio en lo que uno es.*

Entonces, ¿qué clase de ser era la Madre Marta antes de ser ordenada? Marta era una mujer. Sin embargo, a través de la ordenación Marta se convierte en una mujer signo. Se ha producido un cambio. Sin dejar de ser mujer, Marta es ahora un signo. Esto es un cambio real, y por supuesto, produce un cambio en sus relaciones, dentro de la Iglesia y fuera.

En resumen, las órdenes sagradas de la Iglesia son expresiones de diferentes aspectos de toda la Iglesia. Surgen de nuestra necesidad de organizarnos como comunidad y existen dentro, para y debido a esa comunidad, y su testimonio de servicio al mundo. Los y las miembros del clero no estamos ni por encima, ni más allá, ni somos independientes de la Iglesia. y su vida en común.

Capítulo VI

Matrimonio

Signo del amor de Dios

De todos los ritos de la Iglesia, el matrimonio es el más reciente y más variado. Probablemente no lleva más de quinientos años tal como lo tenemos hoy. Para examinarlo de cerca, consideremos primero qué significa para ti el matrimonio, según tu experiencia.

Tu experiencia. ¿Cómo te sientes al asistir a una boda? Piensa en tus recuerdos, historias y momentos significativos, pero también en perplejidades, molestias y desconciertos. ¿Cómo fue casarte, si lo estás? ¿Cómo caracterizarías la diferencia entre una boda en la iglesia y un matrimonio civil? Piensa también en la relación entre dos personas que es el matrimonio: ¿cuáles aspectos de tu relación con tu cónyuge te parecen más importantes? Si eres soltero o soltera, ¿qué aspectos consideras más importantes en las relaciones de una pareja casada? En tu experiencia, ¿qué roles o papeles juegan los miembros de la familia, amigos, vecinos y compañeros de trabajo en el bienestar de un matrimonio?

Dado que nuestro enfoque es sobre el rito matrimonial, nos referimos en este capítulo al Santo Matrimonio en el Libro de Oración Común y sus análogos desarrollados para incluir parejas del mismo sexo, disponibles ahora para todos en la Iglesia Episcopal.[1] No nos vamos a referir al matrimonio civil por sí mismo.

El rito matrimonial. En el rito matrimonial nos reunimos para presenciar y bendecir la unión de una pareja en el Santo Matrimonio. Primero la persona que oficia explica la naturaleza, el propósito y la teología del matrimonio: la pareja es un *signo* del amor de Cristo y su Iglesia. Su unión es para gozo mutuo, ayuda y consuelo en la prosperidad y la adversidad; y, si Dios quiere, para la procreación de hijos e hijas. Si no hay objeciones, procedemos a la Declaración de Consentimiento, y la congregación promete apoyar a la pareja en su matrimonio.[2] Quien

---

[1] En la Convención General del 2018 La Iglesia Episcopal afirmo nuevamente la celebración del matrimonio entre parejas del mismo sexo. Como siempre hemos hecho, ninguna persona del clero tiene que casar a nadie que no quiera. Desde ahora, sin embargo, deberá referir la pareja a otra persona ordenada que esté dispuesta a hacerlo. En el caso de obispos, no pueden prohibir ya la celebración de matrimonios de parejas del mismo sexo en su diócesis. Los materiales preparados —incluyendo ritos, bajo el tí tulo, "Te bendeciré y serás bendición", se encuentran en: https://extranet.generalconvention.org/staff/files/download/16896

[2] La Declaración de Consentimiento fue originalmente el rito de compromiso, celebrado meses, incluso años antes del matrimonio. Poco a poco se incluyó en el rito matrimonial propiamente dicho, como lo tenemos hoy.

oficia entonces pide a Dios ayudar a la pareja a vivir sus votos. Siguen lecturas bíblicas elegidas de entre las ya aprobadas y el sermón.

Entonces toma lugar el matrimonio, propiamente dicho. La pareja pronuncia sus votos, y quien preside puede pedir la bendición de Dios sobre uno o dos anillos como un signo de los votos que unen a la pareja. Oramos entonces por la pareja y los presentes, pidiendo, entre otras cosas, sabiduría y devoción en su vida; perdón mutuo cuando se lastimen mutuamente, y que puedan ser un *signo* del amor de Cristo por el mundo, pues su matrimonio no es solamente para ellos y su descendencia, sino también una bendición para el mundo que los rodea. También pedimos que se ofrezcan en amor y preocupación por los demás, y que todas las personas casadas presentes puedan fortalecer sus vidas y confirmar su lealtad mutua.

Quien oficia entonces bendice y da gracias a Dios por su tierno amor al enviar a Jesucristo, quien consagró el matrimonio en su nombre, y pide su bendición sobre la pareja para que su amor sea "un sello sobre sus corazones, un manto sobre sus hombros y una corona sobre sus sienes". Sigue una bendición en nombre de la Santísima Trinidad y declara la pareja casada, con una advertencia de no separarlos. Si no sigue la Santa Comunión, el rito concluye con el Padre Nuestro y la paz. Si sigue la Comunión, la liturgia continúa con la paz.

Una breve historia del rito. Le tomó mucho tiempo a la Iglesia llegar a esta liturgia matrimonial, quizás porque los cristianos originalmente entendían que el matrimonio es un asunto civil, un contrato legal que une a la pareja. Poco a poco, sin embargo, comenzamos a bendecir primero a la novia, luego a la pareja, y seguimos agregando elementos por una variedad de razones.

Para los primeros cristianos, el estado humano ideal era el celibato, no el matrimonio, considerado una concesión a las necesidades de la carne y nuestra humanidad. Elegir la vida de soltero, sin relaciones sexuales, era una elección radical y señal de esperar el inminente regreso de Cristo. A medida que pasaron los siglos, el celibato se elevó aún más en dignidad por un énfasis cada vez más ascético y la sospecha del cuerpo humano.

En el siglo IV, comenzamos a bendecir a la novia en el hogar después de la ceremonia civil, con una oración pidiéndole a Dios su fertilidad. También hay alguna evidencia de bodas religiosas desde el siglo VI en adelante; el Sacramentario de Verona, (s. VII) por ejemplo, incluye una oración en la velación de una novia.

El matrimonio no se consideró sacramento hasta el 1184. Aun así, en Occidente la pareja era (y sigue siendo) considerada como ministros del matrimonio; la Iglesia solo lo atestigua y lo bendice. Durante la Edad Media los matrimonios generalmente se llevaban a cabo entre las dos personas simplemente diciendo "Me caso contigo" (no "Me casaré contigo", que legalmente constituía un *compromiso* de casarse). Con pocas excepciones, generalmente entre la nobleza, los matrimonios europeos tomaban lugar a través de esta mutua declaración de matrimonio y su consumación sexual. Los votos y la declaración de matrimonio no se agregaron al rito hasta finales de la Edad Media. Los reformadores protestantes no consideraron el matrimonio como un sacramento y por primera vez, declararon que su propósito era el gozo y apoyo mutuo de la pareja y no necesariamente el engendrar hijos e hijas.

Matrimonio igualitario. En 1994, John Boswell publicó *Uniones del mismo sexo en la Europa premoderna*, alegando que varios códices medievales de Europa Oriental contenían un rito para las uniones del mismo sexo, similar al matrimonio.[3] Denominados "el hacer hermanos" (*adelphopoiesis*) en realidad estos ritos no dicen que las dos personas se están casando y, por lo tanto, los críticos condenaron al autor por ser tendencioso. Sin embargo, los ritos mismos están claramente inspirados por el rito matrimonial ortodoxo oriental, especialmente en su ceremonial: La pareja une sus manos sobre el libro del evangelio, es coronada, y caminan juntos alrededor del altar. A veces las acciones dicen más que las palabras.

La pareja como signo. Como todos los ritos, el rito del matrimonio se compone de *signos*, y de estos, el más fundamental en el matrimonio es la pareja misma, porque su amor es un signo de la presencia de Dios entre ellos, del amor de Cristo por su Iglesia, y del amor y fidelidad

---

[3] John Boswell. *Same Sex Unions in Pre Modern Europe*. New York: Harper Collins, 1994.

de Dios hacia toda su creación. Otros signos, como los votos, la unión de manos y la bendición sobre la pareja, asumen y expresan la naturaleza de la relación amorosa de la pareja. Igualmente importante es que la comunidad cristiana expresa su alegría por la relación entre la pareja, celebrando y dando gracias a Dios.

Compromiso y bendición. El antiguo obispo de Portsmouth, Kenneth Stevenson, escribió dos libros sobre la historia y la teología del matrimonio. En ellos, expone que a través de su variada historia, los aspectos esenciales de un rito matrimonial siempre han sido el compromiso y la bendición. Por compromiso, no se refería necesariamente a votos, ya que estos entraron en el rito sólo a fines de la Edad Media, sino al compromiso en compartir una vida caracterizada por el amor, y la fidelidad, y confianza mutua. Con demasiada frecuencia, entendemos este compromiso sólo en términos de exclusividad sexual, pero es mucho más; incluye, por ejemplo, fidelidad financiera y en relaciones con amigos, familiares, etc. En el rito matrimonial, reconocemos el compromiso de la pareja como bendición no solo para ellos y para nosotros, sino también para todos los demás. Agradecemos y alabamos a Dios, pidiéndole que a su vez Dios los bendiga.

Las bendiciones judías siempre bendicen a Dios primero, y *luego* piden que Dios otorgue una bendición a cambio. Esta estructura sobrevive en la oración nupcial romana encontrada en el Sacramentario Veronés y en nuestro rito de matrimonio. Es típica también de nuestras plegarias eucarísticas, la bendición del agua bautismal y el *Exultet* o Pregon Pascual en la Vigilia Pascual: primero bendecimos a Dios, y luego pedimos una bendición para el pan y el vino, el agua o el cirio Pascual, la pareja, etc. Sin embargo, en siglos más recientes, a veces hemos acortado la bendición, manteniendo solo su segunda parte, pidiéndole a Dios que bendiga o declarando que Dios lo hace, con el desafortunado resultado de dejar fuera nuestro agradecimiento y alabanza. En este caso "recibir la bendición de la iglesia" suena como recibir aprobación o sanción. La bendición de la pareja por parte de la Iglesia se entiende mejor no como una sanción o aprobación, sino como una expresión de agradecimiento a Dios por la pareja, su amor y lo que representan, con la petición de que Dios los bendiga.

Signo del amor de Dios, no de género. Las tradiciones judías y cristianas ven en la pareja un signo de la relación, ya sea entre Yahweh e Israel, o Cristo y su Iglesia. Sin embargo, en el caso de los matrimonios heterosexuales, es fácil caer en la trampa de pensar que Dios y Cristo son hombres e Israel y la Iglesia mujer. La comparación, sin embargo, no se trata de género, ni de quién es superior a quién, sino de la *fidelidad de Dios*. La misma imagen se aplica en el caso de parejas del mismo sexo. El compromiso de una pareja en amor mutuo independientemente de géneros, es signo del compromiso de Dios con nosotros; y nuestra reacción a esto, es agradecimiento y alabanza a Dios.

Signo del reino de Dios. En las Iglesias orientales, la pareja es coronada durante el rito, lo que indica que son de la realeza —la autoridad en su hogar, y que su amor representa también para nosotros un signo del reino de Dios. Este detalle también aparece en nuestra bendición sobre la pareja donde pedimos que su amor sea "... un sello sobre sus corazones, un manto sobre sus hombros y una tiara sobre sus frentes". La alusión a un manto proviene del rito matrimonial español antiguo ("mozárabe") y sobrevive hasta el día de hoy en la costumbre latina de envolver a la pareja en un manto o atar un lazo alrededor de ellos, junto con la transferencia de arras —monedas— entre ambas partes.

Así pues, el matrimonio cristiano y su celebración como boda se basa en el compromiso amoroso de la pareja, celebrado por la asamblea cristiana como un signo del amor fiel de Dios por toda la creación, bendición mutua, y para su familia y amigos, la comunidad cristiana y el resto del mundo. También es signo del Reino prometido por Dios: un mundo nuevo de verdad, justicia, paz y amor aquí en la tierra.

Matrimonio igualitario. Quizás hayas notado que me he esforzado por describir el matrimonio y sus significados, independientemente del género de la pareja. Esto es porque la Iglesia Episcopal celebra los matrimonios del mismo sexo, y su rito matrimonial se ha adaptado ahora para incluir estas parejas. Otros ritos desarrollados también expresan la misma teología. En la Iglesia Episcopal no hay diferencia teológica entre el matrimonio heterosexual y el homosexual. En ambos casos bendecimos a Dios por una relación comprometida de por vida, y pedimos la bendición de Dios sobre la pareja.

Capítulo VII

Una nueva etapa

La unción de enfermos

En el rito de Unción de los Enfermos, ungimos a una persona con aceite, orando por su paz y sanación. ¿Cómo has experimentado la unción, ya sea tuya o de otros? ¿Qué aspectos de este rito has hallado conmovedores, atractivos, desconcertantes, cuestionables, emocionantes o aun aburridos? ¿Qué recuerdas? ¿Qué perderíamos si el rito no existiera?

El rito. Muchas congregaciones celebran la eucaristía a media semana con la unción de los enfermos. Generalmente antes de la paz, el sacerdote unge la frente de aquellos que se presentan con aceite bendecido por el sacerdote u obispo y con las palabras: "N., impongo las manos sobre ti en el Nombre del Padre y del Hijo, y del Espíritu Santo, suplicando a nuestro Señor Jesucristo que te sostenga con su presencia, que ahuyente toda enfermedad de cuerpo y espíritu, y que te conceda esa victoria de vida y paz la cual te capacitará para servirle ahora y siempre. Amén".[1]

La unción con aceite es de hecho, opcional. El rito en realidad requiere la imposición de manos o la imposición de manos con unción.

La unción bíblica. En el antiguo cercano oriente, la unción de una persona con aceite era una señal de un cambio en su estado o condición, como en una boda, o al delegar a un enviado. Israel tomó prestada la costumbre, pero la usó de manera ritual para marcar la elección divina y consagración de reyes, sacerdotes y profetas. La palabra Mesías, por ejemplo, proviene del hebreo *messiach*, que significa ungido, es decir, elegido. En griego la misma palabra es *Christos*. Es por eso que a veces a Jesús el Cristo se le llama "el Ungido".

La unción de reyes, sacerdotes y profetas era una señal de ser ungidos interiormente por el Espíritu de Dios. Esto reforzaba la idea de ser elegido y tener autoridad divina para ejercer un oficio. En el bautismo, nosotros también fuimos ungidos como signo de nuestro renacimiento, por agua y por el Espíritu Santo como miembros de una "nación santa, un sacerdocio real". Hoy, en el caso de la unción de enfermos, el acto también tiene el significado de ser ungido con la gracia y el Espíritu de Dios.

Unción para sanar y más. El Antiguo Testamento también requiere la unción para la rehabilitación de ciertas

---
1 L.O.C., p. 377.

personas enfermas y así ungimos a los enfermos, siguiendo la exhortación en la Carta de Santiago:

> "¿Alguno de ustedes está enfermo? Que llame a los ancianos de la iglesia, y que oren por él, ungiéndole con aceite en el nombre del Señor; y la oración de fe salvará al enfermo, y el Señor lo levantará; y si ha cometido pecados, será perdonado".[2]

Nuestra unción de los enfermos, sin embargo, es más que una oración de sanación. Dado que la unción expresa un reconocimiento de un cambio en estado, también reconoce un cambio en la relación de la persona enferma consigo misma y con la comunidad. Particularmente en nuestra cultura de hombres y mujeres "hechos por sí mismos", somos fácilmente tentados a negar nuestra necesidad de ayuda de otros. La unción, especialmente cuando se realiza en la asamblea completa en un domingo, puede ser muy poderosa, marcando y honrando la nueva relación de la persona ungida con quienes la rodean, por ejemplo, en una etapa importante de cambio, tal como un diagnóstico grave, o cuando la persona debe dejar de trabajar o de venir a la Iglesia.

Tomemos, por ejemplo, —llamémoslo Pedro— miembro fiel de una parroquia en San Francisco en el apogeo de la crisis del SIDA a fines de la década del 1980.

---

2 Sa. 5:14-15.

Pedro sucumbió gradualmente a la enfermedad. De vez en cuando venía a una eucaristía con unción a media semana, pero un domingo se presentó con dos almohadas, porque estaba tan enfermo que quería acostarse en la última banca durante el servicio. Estaba claro que Pedro pronto dejaría de asistir a la Iglesia por completo. Después del servicio, le pregunté si le gustaría que lo ungiéramos el domingo siguiente. Accedió, y el domingo siguiente lo ungimos, en el pasillo central, la congregación imponiendo las manos mientras le derramamos aceite bendecido sobre la cabeza. No solo estábamos orando a Dios por la sanación de Pedro: como comunidad estábamos reconociendo un paso importante en su enfermedad, expresando nuestro apoyo físico y espiritual en un rito y reconociendo su nueva relación con nosotros.

La unción como ordenación al Orden de los Enfermos. Precisamente porque la unción puede marcar un cambio en las relaciones, se asemeja a la ordenación, que discutimos anteriormente. En este caso, el orden (es decir, el lugar o categoría) al que se recibe la persona enferma es el orden de los enfermos. Al igual que la persona ordenada, la persona enferma es reconocida como un signo o icono vivo de algo. En la unción, la persona enferma se "coloca" en una nueva perspectiva como una imagen viva del Cristo sufriente. Ya sea que lo hagamos con frecuencia de manera informal, o solemnemente en una ocasión importante en la trayectoria de la enfermedad, invocamos la gracia de Dios sobre la persona y la reconocemos como icono del Cristo que sufre.

Desde este punto de vista, quizás deberíamos intentar recuperar también uno de los significados centrales de la eucaristía: medicina para el alma. Mucho de lo que la mayoría de la gente espera y, a menudo, recibe a través de la unción de enfermos solía ser parte de la experiencia de recibir la eucaristía. ¿Hemos perdido esta dimensión? ¿O es que la oración más personal e íntima de la persona que unge habla más claramente de la necesidad sentida de curación física y/o espiritual?

El Papa Francisco escribe, por ejemplo: "La Eucaristía, aunque es la plenitud de la vida sacramental, no es un premio para los perfectos, sino una poderosa medicina y alimento para los débiles".[3]

De todos modos, el imponer las manos y ungir una persona en un momento crítico de su vida, —un momento en que sus relaciones están en proceso de cambio, y a menudo acompañadas de sufrimiento y una creciente dependencia de otros— puede significar no solo la confianza en Dios de la persona enferma, sino también la providencia amorosa de Dios, y de la comunidad eclesial asegurándole que lo acompañaremos en la jornada por delante.

---

3 Papa Francisco, citado en http://nmnoticias.ca/2013/11/26/papa-francisco-la-eucaristia-es-un-premio-para-los-perfectos-sino-un-generoso-remedio-para-los-debiles/, consultado el 11/9/20.

Capítulo VIII

El levantamiento de Jesús

La Iglesia, su misión, y las culturas

A lo largo de *La casa de los sentidos*, hemos estado examinando y reflexionando sobre la vida litúrgica de la Iglesia cristiana en referencia a los ritos incluidos en el Libro de Oración Común. Hemos pasado la mayor parte de nuestro tiempo mirando hacia a la comunidad de la iglesia y su culto. Ahora nos paramos a la puerta de la iglesia y miramos hacia *afuera*, examinando la Iglesia como comunidad inspirada por el Espíritu y enviada en misión.

Pero primero, tu experiencia. ¿Qué significa, qué *sentido* tiene la Iglesia para ti? ¿Ha tenido el mismo sentido a lo largo de los años? ¿Ha cambiado y se ha desarrollado?

¿Son todos los significados buenos? ¿Problemáticos? ¿Qué significa la Iglesia para las personas que conoces en el trabajo, en el vecindario, tus amigos y conocidos? Puedes considerar estas preguntas antes de comenzar. Y, por supuesto, quizá desees tomar notas.

La Iglesia a través del tiempo. Lo que comenzó hace veinte siglos como un grupo de seguidores de Jesús que se reunían regularmente a cenar con los pobres, anunciando así la cercanía del Reino de Dios ha pasado desde entonces por muchos cambios. A medida que crecíamos, primero se nos sospechaba, luego se nos toleró, luego fuimos la religión obligatoria del estado, y muy pronto después, con el colapso del Imperio Romano, el poder político *de facto* en Europa. Mas luego, a medida que los estados seculares comenzaron a aparecer, quedamos entre reyes y papas, sin saber qué camino tomar. Desde la revolución industrial en el siglo XVIII, hemos sido considerados cada vez más irrelevantes, primero en Europa y luego en las Américas. En las últimas décadas, a menudo se nos sospecha de ser estúpidos, fanáticos, crédulos o simplemente desagradables u ofensivos. Estamos en una encrucijada, y así debemos preguntarnos, ¿qué es la Iglesia? ¿Para qué sirve?

¿Qué es la iglesia? La Iglesia se ha entendido a sí misma a lo largo de los años de varias maneras. Una de las más recientes es la Iglesia como *negocio*. A veces, incluso las personas en la Iglesia hablan como si fuéramos una tienda. Nos referimos a "ir de compras por una Iglesia".

Nuestras juntas parroquiales emplean las mejores "prácticas comerciales" de contabilidad; el clero y el personal son "contratados" con "salarios", etc. Sin embargo, el Nuevo Testamento nunca habla de la Iglesia en esos términos. Más bien, describe a la Iglesia como una *comunidad* de personas, una *familia* o un hogar, una *tribu*, una *nación*, etc., nunca remotamente como un negocio, sino como una *comunidad*.

Otra forma en que nos hemos entendido a lo largo de los años es como una *jerarquía*, y solo la jerarquía. Por lo tanto, "meterse a la iglesia" solía significar, no ser bautizado, sino tomar votos monásticos o ser ordenado. Pero el Nuevo Testamento tampoco sabe nada de eso. La Iglesia del Nuevo Testamento es una *comunidad de iguales*. Con diferentes habilidades y ministerios, sí, pero iguales ante Dios, y esperamos, unos ante otros.

Otra imagen de la Iglesia a lo largo de los años es como una *institución política*, que *de facto* gobierna a la gente, —toda la gente, en Europa en los siglos en que prácticamente todos estaban bautizados. Se nos entendía como algo así como el gobierno en el nombre de Dios, o el aspecto divino del gobierno; de cualquier manera, *el Nuevo Testamento tampoco sabe nada de esto*; en él, la Iglesia es una comunidad de personas en profundo desacuerdo con los poderes y principados que gobiernan el mundo y destruyen las criaturas de Dios. No es un gobierno, sino los "retoños" o primeros frutos de un mundo diferente: el Reino de Dios, confrontando al gobierno civil (y aun religioso cuando se identifica con el gobierno civil) y sus valores.

También hemos representado a la Iglesia a lo largo de los años, especialmente desde la ilustración, como una colección de *individuos* que tienen experiencias espirituales *privadas* desconectadas de la sociedad; una Iglesia en la cual las enseñanzas de Cristo son "espiritualizadas", sin tener ningún efecto en nuestra vida política y social. Otra vez, *el Nuevo Testamento no sabe nada de eso*. En cambio, pinta una comunidad de personas con una visión del mundo al punto de su sanación —o si se prefiere, "salvación" final —y una manera de vivir en ese "Nuevo Mundo".[1]

Finalmente, en los extremos del individualismo, "ser cristiano" ha significado estar de acuerdo con algunas *ideas* supuestamente cristianas como si la Iglesia no fuera más que una biblioteca. Así, tenemos un gran porcentaje de la población que dice ser "cristiano" o "católico" sin nunca llegar ni a la puerta de una Iglesia. No es así en el Nuevo Testamento, en el que ser cristiano era ser parte de una comunidad, participando activamente en sus ritos y su servicio a los más necesitados, frecuentemente a gran costo.

---

1 La frase "nuevo mundo" —que en la tradición cristiana siria se refiere al reino de Dios– fue usada por los invasores españoles para designar las Américas, pues se creían agentes para el establecimiento del reino de Dios en las nuevas tierras. Los resultados desastrosos de esto sirven de cautela a quien crea que el reino de Dios puede coexistir con la violencia y el genocidio.

Como resultado la gente espera un negocio jerárquico que le venderá una mezcla de bienes y experiencias privadas e individuales "espirituales", mientras le dicen qué pensar y qué hacer. No es de extrañar que los recién llegados a menudo me digan con ojos asombrados: "He estado participando en el estudio bíblico durante un par de meses y no puedo creer que *nadie* me haya dicho qué pensar". Muy bien. Estamos más interesados en lo que un pasaje bíblico significa *para ti y cómo lo quieres aplicar a tu vida*.

¿Entonces, qué se supone que sea la Iglesia? Al reunir los sentidos de la Iglesia que presenta el Nuevo Testamento podemos formar la siguiente imagen: Debemos ser una comunidad de personas, reuniéndose regularmente, a nivel local; una familia, un hogar, una tribu, una nación y sí, un cuerpo: el Cuerpo de Cristo, su continuación en la historia. Nuestras liturgias nos definen de esa manera; especialmente el bautismo, que nos constituye como miembros del Cuerpo resucitado de Cristo. San Pablo literalmente fue derribado de su caballo por la idea de que *la comunidad cristiana es Cristo mismo*. "Saúl, Saúl, ¿por qué me persigues?" escuchó una voz que le decía cuando galopaba de regreso a Damasco tras perseguir a cristianos.[2] Como Jesús, nuestra Cabeza, somos un Cuerpo humano, con todas sus formas humanas características de ser un cuerpo social, pero un Cuerpo en el que el proyecto de amor y sanación/

---

2 Hec, 9:4.

salvación de Dios para el mundo se proclama y recibe con gratitud y con el cual cooperamos para lograrlo.

La Iglesia como signo. Aunque la liturgia se compone de signos o acciones significativas que tienen múltiples significados, *la Iglesia misma es también un signo, símbolo o icono*. El Nuevo Testamento a menudo usa la frase "primicias" como metáfora de algo nuevo y maravilloso que sucede, como la resurrección de Jesús, "primicias de los que están dormidos".[3] Hoy podríamos decir, "primeros brotes o retoños". La Iglesia también, Cuerpo del Cristo resucitado, comparte esto recibiendo el Espíritu como evidencia de la cercanía del Reino de Dios.

Los antropólogos nos dicen que los ritos presentan una experiencia de cómo *debería ser la vida* y reconcilian nuestro constante fracaso en vivir así con el ideal. La liturgia presenta, o debería presentar, una experiencia de la vida como debería ser, vivida con y ante Dios, —en su reino, como si ya hubiera llegado aquí, a nuestra localidad, entre nosotros. Esta es la dimensión escatológica de la liturgia cristiana, en la que el Reino *ya* está presente, aunque *todavía* no ha llegado.

¿Para qué sirve? La Iglesia existe por el bien del mundo, y no para sacarnos de él. Si nos saca, durante una hora todos los domingos, es solo para enviarnos nuevamente de regreso, en misión: a proclamar, como Jesús, en hechos —y palabras si fuera necesario, la buena noticia

---

3 1 Co 15:20.

o mensaje de la cercanía del Reino. Porque "evangelio" no es simplemente la biografía de Jesús. Es difícil imaginarlo diciéndole a las multitudes: "pues miren, yo nací de una virgen, en un establo y tres tipos extranjeros me visitaron con unos regalos bien raros". No. El evangelio de Jesucristo es *lo que anunciaba: "El reino de Dios está muy cerca; cambien sus corazones y confíen en la buena noticia"*.[4]

Quizás ningún otro relato del Nuevo Testamento responde a la pregunta, ¿Para qué es la Iglesia? como el evento del día de Pentecostés. Viento y fuego, escribe Lucas, entraron al aposento alto donde estaban reunidos los discípulos el día cincuenta ("pentecostés" en griego) después de la Pascua. Viento y fuego también habían acompañado la manifestación de Dios en el monte Sinaí y la entrega de la Ley, hasta hoy día recordada y celebrada por los judíos este mismo quincuagésimo día, *Shavuot*. Eran el viento y el fuego del propio aliento de vida de Dios, su Espíritu, empoderando a los discípulos con la nueva Ley. A *todos y cada uno*. Por cierto, el relato no dice que la lengua de fuego de Pedro (¡o María!) era más grande, o que uno era mejor traductor de idiomas que otro. Más bien, el relato enfatiza que el Espíritu vino sobre una comunidad de personas. Salieron corriendo, hablando de lo que habían experimentado no solo como individuos sino como comunidad.

---

4 Mc 1:15.

El Espíritu también los convirtió de inmediato en traductores en todos los idiomas, para que cada persona que los escuchara lo hiciera "en su propia lengua ..." El relato pasa de ser un evento especial entre unos pocos discípulos a algo mundial, multilingüe, multicultural, multinacional. La agenda es bastante obvia: La buena noticia del reino de Dios, inaugurado por Jesús en su vida, muerte y levantamiento, y la entrega del propio Espíritu (aliento) de Dios no sucedió solo para judíos, sino para todas las naciones, y naturalmente, los discípulos tuvieron que anunciarlo en todos los idiomas. El aliento de Dios los hizo moverse más allá de sus propios límites culturales y lingüísticos, y se convirtieron en puentes entre la religión de Israel y su transformación cristiana en algo global. En el proceso, esta comunidad aislada, antes temerosa expresó aún más su razón de ser y su misión.

La encarnación de la Iglesia en las culturas. Ya estamos acostumbrados a hablar del "otro": —esa persona que no es como uno, y cuya diferencia a menudo tomamos como excusa para la exclusión, el menosprecio, el acoso e incluso el asesinato. La lista crece cada año: mujeres, afrolatinos, indígenas, asiáticos, refugiados e inmigrantes sin documentos, gente de todo color etnia y lengua, con diferentes capacidades, gente sin techo o familia, personas LGBTQ, etc. Y con razón. Queremos incluir *a todo tipo de persona* en la Iglesia, como lo haría Jesús, pero no solo una amplia variedad de *individuos*, sino también comunidades, etnias y culturas enteras. Esto trae a colación la relación entre la liturgia y la(s) cultura(s) en que ocurre.

Al igual que los discípulos, nosotros también debemos "traducir" la buena noticia del Reino y su expresión en la liturgia de manera que las personas locales puedan entenderlas, *en su propio idioma, cultura, costumbres y gustos*. Esta fue una de las fuerzas impulsoras de la reforma protestante, ya que el culto a la Iglesia Católica romana se había vuelto extraño e incomprensible para la persona europea promedio. No hemos llegado aún a una situación tan triste, pero vamos, una vez más, en esa dirección.

De acuerdo con la tradición anglicana de tener diferentes estilos de adoración para diferentes contextos, no podemos insistir en imponer, digamos, la liturgia anglosajona en una congregación latina en Guatemala. Si insistimos, el anglicanismo no será católico en el sentido de ser universal, sino una forma cultural inglesa a imponerse en todo el mundo. La liturgia anglicana ya lo ha hecho, con resultados desastrosos apoyando el colonialismo primero inglés, y luego estadounidense. En vez, la liturgia anglicana ha de encarnarse en cada lengua y cultura —aun en cada vecindario, porque no podemos tener una conversación con alguien comenzando con, "Tengo una gran noticia que darte, pero primero debes parecerte más a mí y hablar mi idioma".

Esto significa que, para poder proclamar la buena noticia del Reino, tendremos que, como comunidad acercarnos a un pueblo, idioma, nación o cultura *diferente del anglosajón.* De hecho, la encarnación de la Iglesia y su liturgia en una cultura es similar al aprendizaje de un segundo idioma. Es difícil y toma mucho tiempo, antes que uno pueda llegar a ser verdaderamente bilingüe. Aprender un segundo idioma, —mucho menos que otra cultura, siempre implica estar parcialmente a ciegas, buscando a tientas las palabras y costumbres, agradecido por la corrección constante de los nuevos amigos, y acostumbrándose uno al vértigo de abrir la boca sin estar seguro de que está diciendo lo correcto.

Por lo tanto, nuestra comunicación con el "otro" siempre está llena de peligro, miedo, humildad, el no saber, adivinar a ciegas, etc., y es muy difícil para personas que siempre quieren tener la razón. Esto es cierto al tratar de llegar a aquellos cuya apariencia y experiencias son diferentes a las nuestras, —aun blancos heterosexuales no cristianos sospechosos de la religión. Debemos aprender a comunicarnos, no porque debamos crecer numéricamente para ser financieramente viables, sino porque nuestra comunidad, como nuestra liturgia, es un signo y los signos deben comunicar algo. Al igual que con el lenguaje, no podemos pedirles a los que están fuera de nuestra comunidad que primero sean de nuestra cultura y lenguaje para entonces aprender el significado de nuestra liturgia; tendremos que aprender *su* "lenguaje" ritual: su lenguaje secular de có mo reunirse, escuchar un mensaje y compartir su significado, orar, traer ofrendas, dar gracias, comer juntos y ser enviados con autoridad. Al mínimo, tendremos que asegurarnos de que nuestras acciones rituales sean claras *para ellos*. Y esto plantea la cuestión del evangelismo cristiano.

Evangelización vs. Evangelismo. El evangelismo a menudo se describe en los círculos eclesiásticos como "compartir nuestra fe en Jesús". El evangelio, que originalmente fue el anuncio de un cambio radical inminente hacia un mundo como Dios quiere, ahora se ha convertido en el anuncio de nuestro amor subjetivo individual, y nuestro compromiso personal con Jesús. Está bien, siempre y cuando esté acompañado por la buena noticia de la cercanía del Reino.

¿Quién quiere escuchar esta buena noticia? Bueno, las personas que viven sus vidas día a día en malas noticias: las personas pobres, sin techo, indigentes; maltratadas, ignoradas, discriminadas; enfermas, ancianas, desesperanzadas; los nadie, los invisibles, los que no importan; los extranjeros, refugiados, las personas LGBTQ, las mujeres. Están *hambrientos* de buenas noticias.

Francamente, "compartir tu fe en Jesús", sin brindarles buenas noticias tangibles, logrará muy poco, porque hablar mucho de Jesús *no es una buena noticia para ellos*. A veces es hasta el lenguaje de exclusión y opresión. Para ellos y ellas, la buena noticia es un trabajo, un techo sobre sus cabezas, ingresos; seguridad, reconocimiento, aceptación; dignidad; atención médica, respeto y esperanza; protección contra la deportación y niños en jaulas; igualdad total para las personas LGBTQ, y reconocimiento de la autoridad de las mujeres. *Esta* es la verdadera agenda evangelizadora de la Iglesia: proclamar las buenas noticias de la cercanía del Reino de Dios de manera tangible, para que todos la vean y sientan, y no simplemente aumentar nuestra membresía buscando clientes de nuestros bienes espirituales. Somos una comunidad, no una tienda. Para darle a la buena noticia su poder, tendremos que involucrarnos en esto a nivel local, no solo dentro de nuestra comunidad de la iglesia (¡buen lugar para comenzar!) sino también en el mundo circundante.

El significado de la comunidad de la Iglesia. Podemos explorar el significado de la Iglesia en general, pero, de hecho la Iglesia no es algo abstracto, sino un grupo concreto de personas en un lugar y tiempo en particular. Por tanto, es posible preguntarnos: ¿Cuál es el significado de la comunidad de nuestra Iglesia (parroquia)? ¿Para ti? ¿Para otros congregantes? ¿Para tu obispo y diócesis? ¿Para tu barrio y ciudad? Constantemente lo asumimos: "Así no somos nosotros", alguien dice de vez en cuando, lo que implica que hay una noción, en algún lugar, de quiénes y cómo somos.

Quizás la experiencia más básica y universal de comunidad que tenemos como humanos es nuestra pertenencia a una familia de origen. ¿Qué significa nuestra familia de origen? ¿A quién? Mi familia de origen significa algo para mí, inseparable de mis relaciones con ellos a lo largo de la geografía y el tiempo, pero tal vez algo bastante diferente para mi hermano o una sobrina. Ahora echa un vistazo a tu iglesia. Tres servicios. Membresía alrededor de 100. ¿Qué significa tu comunidad de la Iglesia para ustedes mismos, para los demás, para los vecinos, para su ciudad? ¿Qué significan para ateos seculares que asumen que todos los cristianos somos fundamentalistas de derecha? ¿Qué significan para la niña de seis años que viene a la iglesia con su mamá indocumentada?

La comunidad cristiana local es un icono vivo para sí misma y para el mundo circundante. Lo primero en importancia es el significado de nuestra comunidad para nosotros mismos. Sin eso, no puede haber cohesión social y corremos el riesgo de reunirnos los domingos, pero como una familia disfuncional, desarrollando todo tipo de comportamientos problemáticos que surgen de no saber ni quiénes somos, ni de qué se trata ni con qué propósito.

También significamos algo para nuestros conciudadanos. Aquí estamos en problemas muy serios. Porque en nuestras culturas cada día más "cristiano" significa "intolerante", "engañado", "patriarcal" hasta "abusador" y mucho peor. Como mínimo, esto indica que la percepción de nosotros no coincide con nuestra percepción de nosotros mismos; en realidad, es *lo contrario*.

¿Cómo llegamos a esto? ¿Cómo se identificó el icono que es la comunidad cristiana con la opresión? El proceso es el tema de otro libro, pero la pregunta sigue siendo: si nuestra liturgia expresa qué y quiénes somos como comunidad del Reino de Dios, ¿cómo podríamos hacerlo mejor, de manera más transparente y culturalmente apropiada?

¿Qué tenemos que desarrollar, adaptar y cambiar para que nuestra reunión para hablar y comer con Dios, nuestra incorporación a Cristo en el bautismo y nuestros otros ritos, sean más transparentes, presentando una visión de la vida con Dios aquí en su reino venidero?

No existe una receta general y universal, ya que una sola talla no sirve para todos. Nuestra Iglesia es cada vez más variada, multicultural y multilingüe. A la luz de esto, dos observaciones generales son apropiadas: primero, la liturgia claramente no es solo del clero, sino de toda la asamblea, dirigida por una variedad de ministros. Y aunque los sacerdotes a cargo tenemos el poder y la responsabilidad de diseñar el culto a nivel local, es una insensatez (y receta para perder autoridad) hacerlo sin ninguna forma estructurada de recibir aportes de los feligreses. Segundo, también necesitamos escuchar mucho más las respuestas dadas por los feligreses preguntándoles, "¿Cómo se reúnen, escuchan y comparten el significado de un mensaje ustedes en su barrio? ¿Cómo rezan, dan gracias, comen juntos y son enviados con autoridad?" La respuesta, querido lector, no puede ser igual para todos los ámbitos, la misma para todas las congregaciones en todas partes. La respuesta recae en ti; en tus manos y en las de tu sacerdote, llamados a diseñar la liturgia según su localidad de manera más transparente, en conversación con veinte siglos de tradición. En fin, la liturgia de la comunidad cristiana no es una mercancía creada en una fábrica central y reproducida idénticamente para las congregaciones locales como una cena congelada para calentarse en el microondas: es la manera en que nos encontramos y comemos con Dios, según nuestras costumbres muy humanas.

Y esto nos regresa al significado original del término liturgia, —*leitourgia,* en griego— que se refería a las obras públicas realizadas *en servicio a la comunidad.* Por tanto, al terminar nuestra liturgia se nos *envía* con autoridad a *servir l*as necesidades del vecindario, del pueblo, la ciudad, el país, del orbe entero.

Ha sido un honor tenerte en la Casa de los Sentidos para entablar esta conversación. ¡Ahora, sal al mundo para sanarlo!

Posdata sobre el diseño litúrgico

Ya no podemos suponer que la liturgia viene preparada, ya sea de la catedral, o del obispo o del seminario. Las congregaciones locales tendrán que participar en el diseño de su culto, utilizando el texto que provee la Iglesia, por supuesto, pero de manera apropiada a su propia situación y culturas locales. ¿Cómo se hace esto? Permítanme dar un ejemplo de un proceso a nivel local, en lugar de una receta universal para todos los casos.

Es la primavera del 1990 en San Marcos en Palo Alto, California. La congregación incluye a los primeros técnicos del internet, jóvenes y viejos, abogados, un concejal de la ciudad, estudiantes universitarios y amas de casa cómodas. Es principalmente blanca, excepto por dos o tres personas de color, y este latino gay. Se acerca la Pascua. El comité de liturgia se reúne para planificar las liturgias de la Semana Santa. Así es como planeamos la Vigilia Pascual:

Primero decidimos celebrarla antes del amanecer, terminando con un desayuno festivo con música y baile. Una pregunta surgió de inmediato: "¿Dónde encendemos el fuego?" Palo Alto disfruta de un clima maravilloso en abril. "¡Afuera, por supuesto!" Prenderemos el fuego y el cirio pascual afuera y luego entramos. "¿Por qué entrar? ¿Quién quiere entrar? Va a estar rico afuera" —dijo alguien, y decidimos que después de la Pregon Pascual (*exultet*), leeriamos las lecturas bíblicas sentados alrededor del fuego. "¿Tenemos que leerlas? Va a estar oscuro... y aburrido". Leímos la del Génesis, pero el sacrificio de Isaac fue contado como relato desde el punto de vista de Sara. Curiosamente, la interpretación incluyó el texto bíblico entero, pues la narradora se lo había memorizado.

A continuación, celebramos los bautizos. Teníamos una familia entera: —dos adultos y sus dos niñas. "¿Los bautizaremos afuera también?" —No. Demasiado frío para eso. Entonces adentro. ¿Cómo? "¡No en una fuentecita para pájaros! Inmersión total, por favor". "¿Qué? ¿Cómo? ¿Dónde? Yo puedo construir una pila bautismal lo suficientemente grande", ofreció un valiente rector asistente. Y así hizo, de madera contrachapada, sellada y pintada con barniz marino por dentro y por fuera, —una especie de sarcófago, con escalones para subir a ella y descender al agua. " ¿Dónde la ponemos? ¿Por qué no en medio de la nave, entre la gente a la que se unen los candidatos?" —"Pero las bancas... ¡Saca las bancas!" Ocho desarmadores eléctricos más tarde, las bancas se habían quitado y guardado. Regresarían más tarde, después de la Vigilia, porque no estábamos listos para un cambio permanente. "Espera: ¿dónde se sentará la gente? ¿en el suelo?" Les pedimos a todos que trajeran alfombras. Se proporcionaron sillas alrededor del perímetro del espacio para aquellos que las necesitaban.

"¿Cómo vamos del fuego a la fuente? ¡Una procesión! ¿Qué cantamos? Salmo 42, como el ciervo anhela el agua viva, ¡por supuesto!" Y así lo hicimos. Los candidatos bautismales entraron al final de la procesión, a un edificio de la iglesia casi vacío con solo la pila en medio de un piso alfombrado, pareciéndose un poco a una mezquita. Alrededor de la pila estaba la congregación, para recibir a los nuevos cristianos.

El rector les pregunta a los candidatos, de cara a la puerta, hacia la oscuridad de afuera: "¿rechazas a Satanás...?", y "¿Te vuelves a Cristo? ..." y se volvieron hacia la pila y la congregación. Continuamos con los bautismos y unciones. Mientras se vestían, tuvimos una conversación sobre las decoraciones de la pila, pintadas por los niños de la escuela dominical: el bautismo de Jesús, la mujer samaritana, la curación del paralítico, la unción de David, en su mayoría lecturas escuchadas previamente durante las Eucaristías esa Cuaresma del año A.

La familia bautizada regresó radiante, y los recibimos a la familia de Dios con aplausos, abrazos y besos. Cuando se acercaron al presidente, proclamó: "¡Aleluya,

Cristo ha resucitado!" y los honró con incienso, haciéndoles profunda reverencia.

Se leyó la epístola, cantamos un salmo y se proclamó el evangelio de la Pascua. La eucaristía, en un altar redondo alrededor del cual todos podíamos estar juntos de pie, procedió como de costumbre: la oración eucarística cantada en su totalidad. Salimos después de ser enviados por el diácono, guiados por una banda a un desayuno festivo de cordero asado y mucho más.

No escribo esto para que puedas intentar reproducirlo igual. Lo describo para ilustrar un *proceso*. Fíjate que aunque el sacerdote a cargo tiene la responsabilidad final de diseñar la liturgia, el proceso incluye varias personas que hablan entre sí sobre cómo celebrar la Vigilia. ¿Quién está en este grupo? Era lo que llamábamos el equipo de liturgia: el rector y los dos diáconos, el director de música y organista, la presidenta de la cofradía del altar, la coordinadora de lectores, el coordinador de acólitos, y la ujier principal. A menudo también había dos o tres miembros de la congregación.

Nos reuníamos aproximadamente cada mes o seis semanas para planificar una *temporada* litúrgica, no liturgias individuales, excepto para la Semana Santa. Sin microgestionar, discutiendo por ejemplo, cuál mantel usar. Esa decisión le pertenece a la cofradía del altar. En vez, consideramos el panorama general, con preguntas como: ¿Qué imágenes nos ofrece el leccionario durante esta próxima temporada? ¿Cómo las integramos en el resto de la experiencia litúrgica? ¿Cómo se siente, por ejemplo, la Cuaresma? Además de cambiar el color de los ornamentos, ¿también deberíamos cambiar el incienso? ¿El sabor del pan horneado localmente? ¿El vino? ¿Qué disposición de asientos queremos durante esa temporada? ¿Cómo decoramos el espacio? ¿Se podrían celebrar las liturgias o partes de ellas al aire libre? ¿Necesitamos voluntarios adicionales para llevar esto a cabo? etc.

Este tipo de conversación también le dio al director de música y la cofradía del altar un sentido y un conjunto de ideas y actitudes de la temporada en cuestión, ayudándoles así a tomar decisiones y someterlas al rector para su aprobación final.

Descubrimos que nos ayudaron mucho varias virtudes: rápidamente aprendimos que sin confiar el uno en el otro no podíamos trabajar juntos y mantener a la vista toda la experiencia litúrgica durante una temporada, sucumbiendo en cambio a la microgestión. Por eso aprendimos a delegar mutuamente: el director de lectores no le decía al músico qué cantos elegir, sino que confiaba en él y su destreza. La directora de la cofradía del altar no le decía al director de acólitos como entrenarlos, ni el diácono al sacerdote como cantar. Fue un verdadero trabajo en equipo, bajo el sabio liderazgo de un rector que sabía confiar en su pueblo.

¿Deberías probar esto? Probablemente. No sé. Lo que sí sé es que cada vez que me he practicado este tipo de planificación litúrgica, los laicos se emocionan mucho más por ser la iglesia en oración, la planificación de la liturgia es un gozo y no una carga, y crecemos, pues, antes que nada, la persona nueva se encuentra con una congregación entusiasmada.

Glosario

A lo largo de *La casa de los sentidos*, puede que te haya sorprendido mi traducción y uso de palabras familiares, como evangelio, iglesia, etc., ofreciendo una variedad de traducciones del mismo vocablo griego. A lo largo de los siglos se ha solidificado la gama de significados de estas palabras que empleamos como cristianos —originalmente más amplia— convirtiéndose cada vez más estrecha, y perdiendo el "sabor" original de la palabra. Este glosario intenta revertir el proceso, proporcionando para nuestra terminología más común, la gama de significados originales de cada palabra, en su mayoría griegas. Estoy en deuda con David Bentley Hart por su excelente y profundo glosario al final de su traducción inglesa del Nuevo Testamento.[1]

---

[1] David Bentley Hart, *The New Testament.* New Haven, CT: Yale University Press, 2017.

Arrepentimiento. Gr: *metanoia*, un cambio o transformación del corazón/mente (los antiguos no separaban los dos).

Bautismo. Gr: *baptisma*. Lit., inmersión.

Diácono/a. Gr: *diakonos*. Lit., alguien que camina por el polvo, un sirviente.

Elección (divina), electo. Gr: *proorizen*. Lit., Marcar de antemano; predeterminar.

Espíritu. Gr: *pneuma*. Lit., Aliento o soplo, viento.

Eucaristía. Gr: *eucaristía*. Lit., acción de gracias.

Evangelio. Gr: *euangelion*. Lit.: buen mensaje, buen anuncio o buena noticia . Específicamente la buena noticia de la cercanía del Reino de Dios.

Fe. Gr: *pistis*, Lit., lealtad confiada, o, confianza, como en "Tengo fe en ti, hijo" .

Iglesia. Gr: *ekklesia*. Lit., una asamblea convocada o elegida. En la antigua Grecia, una asamblea de legisladores. En el cristianismo, la comunidad de los bautizados.

Infierno. Gr: *hades* "el inframundo", en heb: *sheol*. Gr: *tártaros* (usado una vez) prisión subterránea donde los ángeles caídos y los demonios se mantienen hasta el día del juicio.
Gr: *gehenna*. El valle del Hinnon fuera de Jerusalén. Un lugar asociado por los judíos con el antiguo sacrificio pagano. Un matadero. El basurero de

Jerusalén, siempre en llamas. En las escuelas rabínicas, metáfora de un lugar de purificación *temporera* después de la muerte.

Liturgia. Gr: *leitourgia*. Lit, trabajo para la gente. Obras públicas, como carreteras, puentes, etc., servicio público, deber. Más tarde el servicio público en el Templo.

Obispo. Gr: *episkopos*. Lit., supervisor, obispo/a.

Ordenación: Gr: *chairotonia*, Lit., imposición de manos.

Pecado. Gr., *jamartia*, por el Lat., *peccatum* lit., faltar al tiro, como en el tiro con arco; errar, "cometer un error". "Un tropiezo", "un paso en falso".

Reino de Dios. Gr: *basileia theou*. La realeza, o autoridad real de Dios. El Reino de Dios, —este mundo bajo el gobierno de Dios, caracterizado por *shalom*, un mundo sanado, con verdad, justicia, paz y amor. En Mateo, "el Reino de los Cielos" en la tierra.

Sacerdote (1) Gr: *presbyteros*. Lit., "anciano" . Un miembro de un ayuntamiento (*sanhedrin*) en Judea. En las primeras iglesias, similar a nuestros miembros de la junta parroquial.

Sacerdote (2). Gr: *hiereus*. Sacerdote del templo que ofrecía sacrificios (qv). En el Nuevo Testamento, se aplica solo a Cristo.

Redención/redimir Gr: *lutron* o *antilutron*. El pago requerido para la emancipación de un esclavo, pagado por Cristo no a Dios sino a la muerte y el pecado. El precio de liberación. Liberar, soltar.

Sacrificio. Gr: *Thusia*. Cualquier ofrenda sagrada a Dios, no necesariamente matando a un animal o privándose uno de algo.

Salvación/Salvador. Gr: *soteria*. Lat., *salus*. Rescate, salvaguarda, liberación, sanación, curación. Primero usado sobre Moisés como libertador de esclavos.

Segunda venida Gr: *parousia*. La visita de un dignatario romano a inspeccionar una ciudad.

Vida eterna. Gr: *zoe aionios*. Lit., la vida de la Era (del Reino de Dios) aquí en la tierra, inaugurada por la resurrección de Jesús; una era que dura mucho tiempo, posiblemente por siempre.

CPSIA information can be obtained
at www.ICGtesting.com
Printed in the USA
JSHW050610131121
20449JS00005B/46